Das Geheimnis der Liebe zur Vollkommenheit

Das Geheimnis der Liebe zur Vollkommenheit

Autor: Günther Klinzmann

Titel: Das Geheimnis der Liebe zur Vollkommenheit

Das göttliche und das erdliche in uns

Titel: Das Geheimnis zur Vollkommenheit

Bibliografische Information der Deutschen Nationalbibliothek:
Die Deutsche Nationalbibliothek verzeichnet diese Publikation in der Deutschen
Nationalbibliografie; detaillierte bibliografische Daten sind im Internet über
http://dnb.dnb.de abrufbar.

TWENTYSIX – Der Self-Publishing-Verlag
Eine Kooperation zwischen der Verlagsgruppe Random House und BoD – Books
on Demand

© 2017 Günther Klinzmann

Herstellung und Verlag:
BoD – Books on Demand, Norderstedt

ISBN: 9783740734794

Inhalt

Das erwartet Sie im Teil der Erde

Das erwartet Sie im Teil der Göttlichkeit

Vorwort

Zuerst einmal vielen lieben Dank für das Interesse an diesem Buch. In diesem werde ich Ihnen erklären, dass es viele Arten der Liebe gibt und besonders zwei, die sich sehr ähneln, doch vollkommen unterschiedlich sind. Wir werden einen Blick auf die ursprünglichen Fragen werfen: Wer sind wir? Warum sind wir hier? Wo gehen wir hin? Was ist der Sinn unseres Daseins? Diese und noch viele andere Fragen, die sich der eine oder die andere schon einmal stellte, sollen hier Antworten finden. Wie funktioniert die Energie der Erde und wie entstand sie? Viele Menschen suchen ihr ganzes Leben lang nach der einen großen und erfüllenden Liebe. Hier werden viele Fragen nach dem Großen und Ganzen beantwortet. Natürlich erscheint alles auf den ersten Blick, im Chaos zu sein. Viele Ungerechtigkeiten kann man hier auf Erden feststellen. Bei dem einen läuft anscheinend alles reibungslos und bei einem anderen läuft nichts in die richtige Richtung. Doch alles hat, auch wenn man es nicht glauben kann, einen tieferen Sinn und nichts passiert zufällig. Gerechtigkeit gibt es immer, aber selten in nur einem Leben.

Auch werde ich Ihnen Impulse geben, wie Sie das Leben sehen und worauf Sie achten sollten. Dieses Buch soll Ihnen Hilfestellung geben. Alle Informationen ergeben das Große und Ganze. So wird es aber erstmal wichtiger sein, im

Einzelnen die Informationen zu bekommen, die Sie in ihrem Leben jetzt benötigen. Nach und nach werden sich ihnen alle anderen Wahrheiten erschließen, je mehr Sie selbst voranschreiten. Es soll Ihnen verdeutlichen, wie klein wir Menschen uns oft machen, um auf Erden erfolgreich zu sein und zu funktionieren so wie uns es von Generation zu Generation beigebracht wurde. Vielen ist nicht bewusst, dass sie gar nicht richtig leben, sondern nur eine Rolle einnehmen, ohne diese zu hinterfragen. Auch hat die Entwicklung der Erde und ihrer Länder einen klaren Sinn und auch hier werden Sie erstaunt sein, mit welchem Auge wir das betrachten sollten. Viel Spannung, aber noch viel mehr Klarheit wünsche ich Ihnen beim Lesen.

Dies als Erklärung

Der Inhalt dieses Buches ist aufgeteilt in den Teil der Erde und in den Teil der Göttlichkeit. Dies soll unsere eigene Teilung symbolisieren und zeigt auf, wo wir stehen und wohin wir gehen. Der Teil der Erde umfasst die eigene Begrenzung und die Notwendigkeit des Wachstums. Es soll Ihnen helfen, die Schwere zu verstehen und die Wahrheit über Ihre Gefühle öffnen. Nichts bleibt auf Dauer im gleichen Zustand. Was bedeutet Liebe hier auf der Erde und wie ist das Ganze zu verstehen? Im göttlichen Teil wird aufgezeigt, wie Sie sich aus der Schwere befreien und zurückkehren können zum Ursprung unserer Seele. Alle Begrenzungen weichen und alles fügt sich zusammen. Jede Frage findet eine Antwort. Das Große und Ganze erschließt sich uns nun zur Vollkommenheit.

So sollten sie alle Information sehen

Hier geht es um das Große und Ganze. Selten wird der Einzelne vom Inhalt dieses Buches alles verstehen können, da wir uns in unterschiedlichen Phasen im Leben befinden. So macht es Sinn, das für sich als Wahrheit zu sehen, was sich richtig anfühlt. Das, was Sie anzieht, das ist jetzt für Sie richtig. Je mehr Sie sich ausleben, desto mehr werden Sie mit diesen Informationen anfangen können. Jeder Schritt bringt Sie der Wahrheit im Leben ein Stück näher. So liest sich heute vielleicht nur ein einzelnes Kapitel gut, wohingegen zwei Jahre später auf einmal möglicherweise zehn Kapitel richtig für Sie sein können. Und je öfter Sie es wieder lesen, desto tiefer wird ihr Verständnis. So wird auf einmal das Große und Ganze für Sie sichtbar. Dies ist keine Lebensweise oder Einstellung, sondern schlicht die Wahrheit. Seien Sie neugierig wie ein Kind und entdecken Sie neue Wahrheiten! Hören Sie in Ihr Inneres hinein und verstehen Sie sich im Ganzen! Haben Sie stets Geduld mit allem, was Sie erleben und erleben möchten. Meine Empfehlung ist es, das Inhaltsverzeichnis durchzulesen. Was sprach Sie an? Die Kapitel die anziehend wirken sollten Sie jetzt nacheinander Lesen. Ein Kapitel führt dann zum nächsten. Ihr Unterbewusstsein sucht nach Antworten und wird Sie darauf aufmerksam machen. Beobachten Sie sich selbst dabei. Was möchte ins Bewusstsein.

Welche Ereignisse, Menschen und Situationen fallen ihnen dabei ein und auf.

Lassen Sie sich leiten um vom Unterbewusstsein ins Bewusstsein zu kommen.

Bedenken Sie folgendes: Wer fragt bekommt immer eine Antwort. Hinterfragen Sie ihre Gefühle und lerne Sie zu verstehen.

Das Geheimnis der Liebe hier auf Erden

Wenn wir über die Liebe hier auf Erden sprechen, dann sprechen wir über eine Liebe, in der wir zu dem blicken, was uns fehlt, um uns selbst zu lieben. Wir schauen in die Tiefe der Augen und je tiefer wir hineinschauen können, desto mehr wird uns vom anderen fehlen. Wenn wir hier über die vollkommene Liebe sprechen, dann schauen beide Menschen zu gleichen oder ähnlichen Teilen zu den Eigenschaften, welche ihnen eigentlich selbst fehlen. Sie werden magisch angezogen davon und sind schnell verliebt ineinander. Sie schauen sozusagen auf ihr eigenes Lernfeld, zur eigenen Erfahrung und gleichzeitig auf eigene Defizite. In dem Moment, in den sie es erkennen, verlieben sie sich in ihr eigenes Defizit und umarmen es in Faszination. Dadurch fühlen sie sich gleich vollkommener und erleben es als Erweiterung und natürlich als absolut neu. Da dies unser Kopf aber nicht so verstehen kann und er es als neuen Höhepunkt erlebt, wird es für ihn in dem Augenblick die große Liebe sein. Man verbindet sich sozusagen zu einem Ganzen und empfindet das als Erweiterung. Doch das ist eher trügerisch. Denn in dem Moment, in dem das Ich sich für diese Partnerschaft und Liebe entscheidet, engen wir uns unbewusst sogar noch mehr ein, als wir denken. Nachdem das Ich gedacht hat: "Es ist die große Liebe", gibt es einen großen Teil seines jetzigen Ichs auf, um das, was ihm fehlt, mit dem Partner zu erkunden. Doch hier irrt dann alles sehr schnell. Denn das, was ihm fehlt, hat der jeweilige andere und dieser lebt das für uns aus. Dadurch ergänzt er uns und wir fühlen uns vollkommener, aber wir empfinden es als vollkommen und als die absolute große Liebe im Leben. Hier fühlt sich alles perfekt und sanft an. Dies ist als Bild gesehen so, als ob wir durch die Umarmung des anderen zu einem neuen einzigartigen Menschen werden.

Die missverstandene Liebe

Nicht in allen Partnerschaften, die gelebt werden, ist eine Liebe der gleichberechtigten Beziehung. Gefühle sind wie ein Zeigefinger der uns auf etwas oder jemanden aufmerksam macht. Wenn dies geschieht, dann ist das ein Beginn oder aber eine Fortsetzung der Seelen der Partner. Hier sind die Verhältnisse oft anders, als wir glauben. Konnten sich die Seelen in ihrem letzten Leben nicht lösen, dann wird alles fortgesetzt, wie es einmal war. Konnten sich Mutter und Kind nicht loslassen, dann leben sie im neuen Leben dieses Verhältnis weiter. So wird auch die Partnerschaft nach einigen Monaten in einer Form sein, die nichts mit der Liebe zu tun hat, sondern so, wie man es als Mutter und Kind erwartet. Das Gefühl sagt aus, dass man sich schon kennt. Unser Verstand kann das natürlich nicht zuordnen und erlebt dieses Gefühl als neu und tief. Dadurch setzen wir diese Beziehung fort. Wenn aber ein neues

Gefühl da ist, was keine Tiefe hat, sondern uns dem anderen gegenüber Spannung und Abenteuerlust zeigt, dann zeigt uns unser Gegenüber, was wir interessant finden. Der andere hat eine andere Art das Leben zu sehen. Wir empfinden das als neu und schauen gleichzeitig auf unsere neue Energie, die uns magisch anzieht. Aber hier ist es keine richtige Liebe, sondern wir wollen das Neue erfahren und erkunden. Dies ist zu vergleichen mit einer Reise, die wir mit Spannung erwarten und auf der wir eine neue Kultur kennenlernen. Irgendwann ist die Reise aber vorbei. Wir haben alles neugierig erkundet. Und wenn der andere keine anderen Abenteuer mehr anzubieten hat, dann ist die Partnerschaft zu Ende und man geht neue Wege. Obwohl am Anfang alles hell leuchtete und voller Leidenschaft war, so ist dann alles auf einmal verdunkelt.

Die abhängige und gefesselte Liebe

Wenn sich zwei Seelen begegnen, die schon sehr viel miteinander erlebt und sich entschlossen haben, diese Beziehung weiterzuleben, dann ist alles sehr vertraut. Da sie sich sehr gut kennen, erlischt ein gewisses Feuer sehr schnell und sie fangen an, sich durch Steigerung oder durch besondere Erlebnisse erneut zu entflammen. Dies gelingt, weil sich durch die Vertrautheit alles richtig anfühlt. Diese Liebe ist aber fortgeschritten und wird früher oder später wie die zwischen Bruder und Schwester sein. Sie ist also sehr familiär und gebunden.

Da die Seelen sich nicht sofort lösen möchten, sondern zusammenbleiben wollen, werden sie sich materiell binden. Sie werden sich zusammen etwas aufbauen und sich gegenseitig gezielt voneinander abhängig machen. Dies kann eine Anschaffung wie ein Haus und ein Auto auf Pump sein, für die sie geradestehen müssen. Dies ist gewollt, da sie durch diese Anschaffung ihre Verbindung erhalten wollen. Selbst dann, wenn der eine nicht mehr zufrieden ist und andere Möglichkeiten vorfindet, wird der andere sich nicht lösen können, weil er sich seelisch und auch materiell gebunden fühlt. Wenn du in einer solchen Beziehung lebst und nicht zufrieden bist, dann hör auf deine Gefühle und fang an, dich dem Ganzen zu stellen! Erkenne, was notwendig ist, damit du dich gut fühlst! Lerne deine Verbundenheit in Form von Abhängigkeit kennen! Agiere ohne Angst und lebe dein Leben so, wie es möglich sein wird! Sei gleichzeitig nicht zu egoistisch, sondern schaue, wie es dem anderen dabei geht. Finde deinen Weg zu dir selbst und verweile in der Erkenntnis, dass du dir unbewusst diese Abhängigkeit selbst erschaffen wolltest, damit du verbunden bleibst. Lebe bewusst, lerne neu dazu und bleibe aufgeschlossen für neue Begegnungen! Entfalte dich innerhalb, aber auch außerhalb deiner Beziehung und eng dich nicht zu sehr ein!

Die einseitige und gefesselte Liebe

Diese Art der Liebe hat wortwörtlich Fesseln in sich. Wenn wir einem Menschen begegnen, dessen Seele wir kennen, sofort oder auch später das Gefühl der Vertrautheit bekommen und uns magisch angezogen fühlen, dann findet hier eine Fortsetzung beider Seelen statt. Je nachdem wie weit wir waren, gehen wir jetzt weiter. Nun kann es sein, dass du auf jemanden triffst, der sehr rational ist. Dieser jemand ist sehr vorsichtig und grenzt sich nicht ab, weil er es nicht gelernt hat. Unser Gefühl findet also keine Begrenzung und darf immer weiter gehen. Wir fühlen uns wie im Himmel. Alles scheint voller Harmonie. Wir glauben schnell, dass es Liebe ist. Ab diesen Zeitpunkt hinterfragen wir nicht sondern überlassen uns unseren Gefühlen. In diesen Moment ist es so, wie wenn ein Schwamm Wasser aufsaugt. Er tut dies automatisch, weil er nicht anders kann, da er sehr trocken ist. Unser Kopf schmiedet schon Zukunftspläne und ist längst verheiratet mit der anderen Person. Durch diese Automatismen von unseren Gefühlen haben wir den anderen nicht richtig wahrgenommen. Wir sind schon angedockt, aber der andere ist im Inneren erst beim Kennenlernen und hat sich überhaupt noch nicht entschieden, wie es weitergeht. Dennoch mag man dich und versucht mit dem Kopf zu ergründen, ob man dir trauen kann. Wir haben hier jemanden, der genau das Gegenteil von uns ist. Wir lassen unseren Gefühlen freien Lauf und denken kaum nach, während der

andere den Kopf lebt, die eigenen Gefühle kontrolliert und nicht richtig oder gar

nichts spürt. So haben wir hier eine Unausgeglichenheit in der Beziehung. Der

andere ist der Schwamm- symbolisch der Kopf -, der unaufhörlich das Wasser

als unsere Gefühle der Fürsorge usw. aufnimmt. Für uns fühlt sich das gut an,

weil wir aufgefangen werden und uns dort wohlfühlen. Wenn wir über die

Vollkommenheit der Liebe hier auf Erden sprechen, dann ist eine verbundene

Partnerschaft jeweils zu 50% zum anderen vorhanden. Natürlich schwankt dies

auch, je nachdem wie es dem anderen geht und wir uns um ihn kümmern

müssen. Dann ist es auch mal 60:40%, aber weiter auseinander geht es kaum.

Die gefesselte Liebe ist im Verhältnis 90:10 oder 80:20 anzusehen und kann

sich nur einseitig weiterentwickeln. Solch einseitige Verbindung ist wie eine

Sucht. Auch wenn uns irgendwann klar wird, dass es einseitig ist, können wir

uns nicht sofort lösen. Wer das kennt, gibt unaufhörlich viel, ist sehr tiefsinnig

und sucht oft die Schuld dafür, dass es nicht so richtig klappt, bei sich selbst.

Die Gefühle haben ihr Eigenleben und sie interessieren sich nicht für uns,

sondern nur für ihre Befriedigung. Diese Art der Partnerschaft ist und bleibt

einseitig. Auch wenn du dich jetzt lösen willst, dann wird dir das nicht gelingen,

da diese Gefühle und ihre Verbundenheit mit der anderen Person wie ein

Gummiband ist was uns zurückholt. Akzeptiere diese Erkenntnis und fange an, dies jetzt bewusst zu erleben! Wenn du Kontakt hast zum anderen, dann mache dir das bewusst in dem Gefühl, dich zu lösen! Erkenne den anderen, wie er wirklich ist! Er ist nämlich unreif wie ein Kind. Erkenne die Schauspielerei, die dazu dient, uns etwas anderes zu vermitteln! Glaube, was du siehst, aber misstraue deinen Gefühlen, die nicht dich, sondern den anderen im Visier haben. Geh keinen Gefühlen und Gedanken nach, die meinen, dass du dich noch aussprechen oder dem anderen noch etwas sagen möchtest. Lass es! Denn du wirst keine großen Antworten bekommen, danach aber ein schlechtes Gewissen haben und dann erst recht denken, dass du etwas falsch gemacht hast. Geh auch nicht deiner Wut nach, die mit der Zeit entstehen wird! Fange an, diese Gefühle als Sucht zu sehen und zu verstehen! Behandle sie wie eine Sucht! Um sich zu lösen, ist es wichtig, sich selbst mehr Aufmerksamkeit zu geben. Je liebevoller du dir dein Leben gestaltest, desto leichter wird es gehen. Habe Geduld und akzeptiere deine Verbundenheit! Sieh dies nicht als Feindbild an, sondern als ein Feld des Lernens und der Entwicklung! Lass gedanklich alle Gefühle zu, aber geh ihnen nicht nach und handle! Dein Unterbewusstsein erzählt dir durch diese Gefühle deine Geschichte. Sie sind sich begegnet, um sich weiter zu lösen. Betrachte deine Gefühle genau und du wirst erkennen, wie viel Fürsorge und andere ungesunde Gefühle da sind, die dir nicht gut tun. (Siehe Kapitel "Gefühle als Lehrbuch verstehen") Unsere Gefühle sind stets unterwürfig und sehen den anderen als Nr. 1, uns aber sind unsere Gefühle völlig egal. Sei dir bewusst, dass es kein gutes Ende für diese Beziehung geben kann. Wenn die Gefühle so tief gegenüber dem anderen sind, dann fehlt die Eigenliebe und der Respekt sich selbst gegenüber.

Sich verlieben

Du kennst das bestimmt! Du siehst jemanden und auf Anhieb, findest du ihn oder sie sehr sympathisch und auf einmal hast du Schmetterlinge im Bauch. Es macht dich ganz unruhig und lässt dein Herz höher schlagen. Wenn das passiert, dann erlebst du ein Gefühl, das du so noch nicht kanntest und nicht zuordnen kannst. Dem anderen kann es genauso gehen oder doch ganz anders. Das liegt oft daran, dass diese Menschen sich zwar noch nicht kannten, aber eine Lebensgeschichte mit dieser Seele hatten. Und das Verliebtsein erinnert sich daran. Nur fehlt ihnen genau dieses Wissen darüber, was im Vorleben war. Es kann auch sein, dass sie eine Freundschaft hatten und diese nun fortsetzen möchten oder das der andere der Partner gewesen ist und sie die Partnerschaft weiterführen möchten. Wenn du es schaffst, diese neuen, unbekannten Gefühle einfach zu leben, und nicht mit dem Kopf versuchst, sie verkrampft einzuordnen, dann findest du schon bald heraus, was dir da als Gefühl begegnet ist. Sei ein Pionier, der ohne Analyse des Kopfes dieses neuartige Gefühl entdeckt! Übernimmt der Kopf die Kontrolle, dann läufst du fast immer in die falsche Richtung. Denn der Kopf sagt dann einfach: "Wow, so etwas habe ich noch nicht erlebt. Folglich muss es Liebe sein." Wenn es aber keine Gefühle der Liebe oder partnerschaftliche Gefühle sind, dann erwachst du mittendrin und bist enttäuscht, dass es doch anders ist, als du dachtest. Wenn du das Gefühl so belässt, wie es da ist, und es durch das Erleben ergründest, dann bekommst du Klarheit und bist in der Realität. Verliebtsein heißt, an etwas anzuknüpfen, was noch nicht vollendet ist. Dass heißt, das es eine Geschichte ohne das Wissen und die Erinnerung an das ist, was war.

Wenn wir uns neu begegnen, dann immer so, wie wir uns das letzte Mal im Vorleben gesehen haben. Also nehmen wir an, dass der eine starb und der andere 10 Jahre den Verlust zu betrauern hatte. Je nachdem, wie er diesen Verlust verarbeitet hat, begegnet er der Person im neuen Leben wieder. Das geschieht oft mit Freude, ihn wiederzusehen nach so langer Zeit. Die andere Person hat den Verlust des Partners nicht erlebt. Für sie war das so, als ob sie schlafen ging und jetzt wieder aufwacht. Daher wird sie normal oder unterkühlt reagieren. Also schauen beide aus verschiedenen Perspektiven und sind unterschiedlich weit miteinander. Der eine freut sich ihn nach so langer Zeit wieder zu sehen und der andere steckt unbewusst noch in ihrer letzten Verbindung. Wahrscheinlich werden sie sich entschließen, nochmals zusammen zu sein, da ihre Verbundenheit noch sehr groß ist. Wenn sich Seelen gar nicht lösen oder sich nicht weiterentwickeln können, kommen sie auch gerne als Geschwister, Elternteil und Kind wieder zusammen, um so ihre gemeinsame Geschichte weiterzuentwickeln. Verliebtsein heißt, dass du das Gefühl nicht kennst. Falls du häufiger erlebst, dass du verliebt bist, dann erkunde es. Es kann aber auch sein, dass es ein Gefühl der Sympathie ist.

Gegensätzliches zieht sich an

Gefühle sind energiegeladene Teilchen und wirken wie Magnete. Sie ziehen nur den Gegenpol an und stoßen gleiche Pole ab. Dadurch erkennen wir den Spiegel, der uns durch den anderen gezeigt wird, oft nicht. Das ist mit Salz zu vergleichen das das Wasser bindet. In Bezug auf deinen Körper entzieht Salz uns Wasser. Zu viel Salz ist ungesund für uns. Dem Salz ist das aber egal. Es folgt nur seinen Gesetzen. Salz ist sehr trocken und Wasser ist genau das Gegenteil davon. Dadurch, dass wir viel Wasser trinken, gleichen wir das aber wieder aus. Und wenn wir das Salz gleichzeitig reduzieren, bekommen wir ein gesundes Maß. Gefühle machen das, was sie am besten können, wenn man sie lässt. So sind viele Gefühle täuschend, wenn wir durch sie zur Empfindung gelangen, dass dies die Liebe unseres Lebens ist. Das Salz möchte das Wasser an sich binden. Je mehr Wasser uns der andere bietet, desto größer wird unser Gefühl in Form von Salz zum anderen. Denn das Wasser ist dann der Nährboden, in dem sich das Gefühl in Form von Salz ausleben darf und es selbst sein kann. Wir unterscheiden hier nicht, ob die einzelnen Gefühle gut oder schlecht sind. Denn alle folgen ihren Gesetze und Eigenschaften. Dieser Einblick soll dir helfen, das Ganze richtig einzuordnen, und so sollst du selbst erkennen, was dir gut tut und was nicht. Wenn unser Gefühl zum anderen wie Salz ist und der andere das nötige Wasser hat, dann ist das wie Salzwasser, das daraus entsteht. Während man das Wasser sieht, kann man das Salz schmecken. So vermischt sich alles und wir spüren diese Verbindung der beiden Elemente. Durch das Vermischen ist aus dem trinkbaren Wasser ein lebensbedrohendes Gemisch entstanden. Hier ist es wichtig, die richtige Dosierung zu finden.

Ich liebe dich

Im Göttlichen bedeutet diese Aussage Folgende: Ich finde dich, so wie du bist, so wie du im Inneren als auch im Äußeren bist, richtig, ohne Zweifel und ohne Ausnahme. Ich liebe dich so im Gesamten, wie du mir erscheinst, wie du jetzt bist und dich entwickeln wirst. Diese Liebe wird dich immer so lassen, wie du bist, ohne wenn und Aber. Sie wird dir keine Bedingungen stellen. So nimmt man dich mit aller Vollkommenheit an, auch in deiner Unvollkommenheit. Sie braucht keine Beweise und lässt dich frei sein. Wie eine leichte Feder ist diese Liebe und schwingt bedingungslos. Schauen wir hier auf Erden, dann heißt diese Aussage Folgendes: Ich Liebe dich so, wie du aussiehst, für das was du für mich tust, dafür, dass du dich um mich sorgst usw. Viele Aussagen sind hier möglich. Jede Liebe hier auf Erden ist einzigartig, hat aber viel gemeinsam mit anderen Lieben dieser Art. Denn es ist eine gesprochene oder wahre Liebe im Hier und Jetzt. Sie verändert sich generell und ist nicht gleichbleibend, weil sich diese Liebe an Bedingungen knüpft und sich dadurch nährt. Natürlich kann solch eine Verbindung lange halten. Dennoch wird sie sich eines Tages verändern. Und wenn sich beide in verschiedene Richtungen verändern, dann sollte man sie auch nicht festhalten. Denn dadurch lebt man nicht mehr gemeinsam, sondern nur noch einseitig, was nicht mehr erfüllend ist.

Was bedeutet es glücklich sein?

Das Gefühl, glücklich zu sein, entspringt der Energie der Erde. Es ist zu

vergleichen mit einem Schlag auf eine Glocke. Wenn sie ertönt, dann dringt das

durch deinen gesamten Körper und alles im Körper vibriert mit. Nach und nach

klingt alles wieder ab, bis es wieder zum Stillstand kommt. Da Glück und

Glücklichsein die Energien der Erde sind und dadurch ihren Gesetzen folgen, ist

dies auch kein bleibender Zustand, da sich alle Energien fortbewegen. Dadurch

braucht es immer wieder neue Schläge an der Glocke, um den ganzen Prozess

wieder im Gang zu bringen und sich glücklich zu fühlen. So kann man auch in

einer Beziehung das Glück herbeiführen, indem immer wieder in neue

Höhepunkte investiert wird. Am Anfang verlieben wir uns ins unbekannte

Gefühl und werden dadurch glücklich. Dann haben wir uns daran gewöhnt und

es erscheint wieder normal bzw. wir haben es kennengelernt und dadurch ist es

nicht mehr fremd. Also klingt das innere Glück langsam wieder ab. Durch

gemeinsame Zukunftspläne oder einen Zusammenzug ertönt im Inneren wieder

das Gefühl des Glücks. Egal wie groß das Gefühl uns erscheint, wir haben uns

irgendwann daran gewöhnt und so braucht es immer mehr Schläge des Glücks

und immer mehr Höhepunkte, um das Glück aufrechtzuerhalten. Glück ist der

Atem der Erde. So brauchen wir für das Glück die Luft zum Atmen. Und wenn wir nicht mehr atmen können, so stirbt das Glück in uns wieder. Auch dann wenn wir es nicht sofort bemerken. Doch jede Entwicklung und jeder Prozess ist wie unser Leben. Sie wird geboren, entwickelt sich, reift und stirbt wieder. Durch neue Höhepunkte in der Beziehung oder in anderen Lebensbereichen nehmen wir das ständige Abklingen und Sterben nicht wahr. Und so springen wir vom Glück zum Glück und von Sucht zu Sucht, um neue Momente des Glücks zu erfahren. Erst wenn wir uns an das Kommen und Gehen des Glücks gewöhnt haben und dessen Endlichkeit erkennen, fangen wir an, im Inneren nach dem Glück zu suchen. Im Inneren finden wir nicht das Glück, sondern wir finden nach und nach die Zufriedenheit, die keine neuen Schläge braucht und still und ohne Unruhe und Leichtigkeit ist. Zufriedenheit ist der Atem der Göttlichkeit. Nach vielen Leben, Erlebnissen und Höhepunkten haben wir einiges sterben gesehen. Und wenn nichts mehr da ist, um das Glück zu aktivieren, dann durchlaufen wir eine Energie der inneren Reinigung und erleben diese Phase oft so, als ob wir in einer Höhle wohnen, ohne Licht zu haben. (Siehe Kapitel "Die Suche nach dem Licht") Wir werden kein Licht von außen mehr wahrnehmen, bis wir uns selbst als Licht erkennen, sodass es immer heller um uns wird, wir neugeboren werden, Zufriedenheit erlangen und frei werden von der Energie der Erde. Wir kehren dadurch zurück zu unserem

Ursprung. Glücklich zu sein, ist immer vergänglich. Zufrieden zu sein, ist das
Ziel.

Das Karma der Liebe

Wenn wir über das Karma sprechen, dann ist das immer die Fortsetzung oder
der Beginn einer Geschichte oder Sache. Wenn wir in einer Partnerschaft leben
und glücklich sind, dann sind wir schon mittendrin im Karma. Das ist das
sogenannte positive Karma. Man beginnt etwas und es fühlt sich einfach richtig
an. Nun ist das Karma so, dass wir – egal, was wir auch erleben könnten -
immer die gesamten Gesetze der Erde durchleben. Die Gesetze beinhalten eine
Neugeburt als Unschuld, die Weiterentwicklung von der Naivität zum reifen,
dem Überzogenen bis zum bitterbösen Menschen und dem Ende, was für den
Tod steht. Also alles, was wahrlich möglich ist, gilt es zu durchleben. Dies gilt
zwar für alle Ebenen, die gelebt werden können, aber hier möchte ich dir ein
Beispiel in der Liebe aufzeigen, um es besser zu verstehen, warum wir so
unterschiedliche Beziehungen führen und warum der eine oder andere so viel
glücklicher zu sein scheint. Wir gehen aus unterschiedlichen Gründen in eine
Partnerschaft. Nehmen wir an, wir begegnen jemanden, der uns sehr vertraut
ist, obwohl wir ihn noch nie gesehen haben, und der andere empfindet dies
auch so. Dann begegnen sich zwei Seelen, die sich tatsächlich schon begegnet

sind und zwar im Vorleben. Das kann direkt das vorige Leben gewesen sein, aber auch irgendwann davor. So, wie sie im letzten Leben auseinandergegangen sind, begegnen sie sich wieder. Die Gefühle sind im Prinzip die Sprache ihrer gemeinsamen Geschichte zueinander. Der Vorteil liegt hier darin, dass der Verstand und der menschliche Geist, der die eigentliche Geschichte im Vorleben erlebte, nicht mehr existiert. Denn sonst würde man gewisse Handlungen zusammen nicht erleben können. Nehmen wir an, wir haben eine starke Bindung zwischen Mutter und Kind, die sich im Vorleben nicht voneinander lösen konnten oder nur einer von ihnen. Dann begegnen sich die Seelen neutral zwar ohne diese Mutter - Kind - Bindung im menschlichen Geist, aber mit der alten Bindung im Unterbewusstsein. Und so gibt es keine ethischen Gründe dafür, ihre Gefühle auszuleben. Wir definieren gebundene Gefühle zum anderen Geschlecht oft als Liebe, obwohl die Gefühle im Vorleben eine andere Bedeutung hatten. Wir empfinden dadurch eine tiefere Verbindung und das zieht uns an. Da wir in diesen ersten Momenten nicht verstehen, was diese Gefühle uns sagen, werden wir sie durch Erleben neu ergründen und fortfahren mit ihnen. Wenn unser Kopf dies zum ersten Mal im jetzigen Leben erlebt, hält er es einfach für Liebe, obwohl es anders ist. Bleiben wir bei diesem Beispiel einer starken Mutter - Kind Bindung im vorherigen Leben. Wenn die

Mutter ihr Kind immer geschützt hat und das Kind das Gefühl hatte, nicht ohne

seine Mutter existieren zu können, dann werden beide Seelen bei der

Begegnung im nächsten Leben weiterhin versuchen, diese Beziehung

weiterzuführen, um sich zu schützen und zu unterstützen, damit beide

selbstständiger voneinander werden. Der andere lernt dadurch, sich vom

anderen zu lösen, um sich zu entwickeln. Dies ist also eine tatsächliche

Fortsetzung zum vorherigen Leben oder Treffen. Im optimalen Fall lösen beide

ihre Aufgaben gleichzeitig und können sich dann nach einer gewissen Zeit der

neuen Beziehung voneinander lösen und weitergehen. So könnte man statt in

einer Beziehung auch in einer guten und festen Freundschaft die gemeinsame

Geschichte fortführen, je nachdem, wie stark ihre Bindung beim letzten

Auseinandergehen war. Wenn du also spürst, dass deine Partnerschaft auch

nach vielen Bemühungen nicht mehr zu retten ist, dann solltest du deine

Geschichte bzw. deine wahren Gefühle und den tieferen Sinn herausfinden, um

einen neuen Weg gehen zu können.

Das Karma und die Bedeutung

Karma bedeutet, dass wir einen Vorteil gegenüber einem anderen oder einer

Gesellschaft ausnutzen, um uns selbst oder auch andere dadurch zu

begünstigen. Das bedeutet, dass jemand, wenn er beispielsweise durch körperliche Vorteile einfach, weil er es kann - einem Schwächeren und

Unterlegenen etwas nimmt oder antut, dann diese Machtstellung benutzt, um

sich zu vergnügen. Oder er nimmt sich einfach, was ihm nicht zusteht. Dann

sammelt er Karmapunkte für sich ein. Es kann ganz harmlos anfangen, für uns

als Mensch unbedeutend. Wenn die Seele zum ersten Mal hier auf Erden

inkarniert ist, dann ist sie vollkommen. Sie steht unter keinem Einfluss der Erde

und ist somit rein. In dieser Phase sind die Seele und der menschliche Geist,

der mit der Geburt da ist und stetig wächst, immer erst Beobachter. Das liegt

daran, dass die Seele keinerlei außergewöhnliche Bedürfnisse hat außer die, die

Sie als Mensch hat, womit Essen und Trinken und alles, was dazugehört,

gemeint ist. Die Eltern sind die ersten Menschen, die die Seele als Baby

betreuen und auch prägen. In dieser Phase ist die Seele als Baby und auch

später als heranwachsendes Kind meist sehr ruhig und daher sehr pflegeleicht.

Auch im späteren Alter wird diese Seele nicht viele eigene Antriebe haben, um

sich selbst auszuleben. Es wird vielmehr den Aufgaben der Eltern Folge leisten

und gehorsam sein. Jetzt nehmen wir an dass, wir ein Geschwisterpaar haben.

Sie sind als Zwillingspaar zur Welt gekommen und leben nun identisch. Sie

haben das gleiche Geschlecht und gleiche oder ähnliche Möglichkeiten im

Leben. Nun ist die Erstgeborene etwas beweglicher und aufgeschlossener als ihre Schwester. Die Eltern geben beiden Kindern gleich zu essen und überlassen sie dann dem Ganzen allein. In dem Moment, in dem die bewegliche und etwas klügere Schwester der anderen etwas wegnimmt und ihre Schwester sich nicht wehren kann, weil sie es nicht versteht, ist das dann Karma. Auch erkennen wir hier, dass die ältere Schwester, in diesem Moment einem Gefühl folgt und nachgibt. So wird sie nach und nach ihren Gefühlen folgen. Und wenn die Eltern nicht eingreifen, dann wird sie sich von ihrer Schwester sehr schnell geistig entfernen. Da nun das jüngere Kind, das so aufwächst, es nicht anders erfahren hat, wird es irgendwann auch anfangen, dem schwächeren Kind etwas zu nehmen, weil es dies so gelernt hat. Wenn sie dieses Gefühl haben und diesen folgen, bedeutet dies, dass sie nicht mehr vollkommen und rein sind und nicht mehr so leuchten wie ursprünglich. Von nun an ist die Seele nicht mehr neutral. Natürlich ist ein erstes Gefühl nur ein Anfang und wird auch nicht sehr viel ändern, aber es hat den ersten Schritt in Richtung des Energiebandes der Erde gemacht. Wir unterscheiden hier zwischen einem positiven, einem negativen und einem neutralen Karma. Uns sollte Bewusst sein, nichts geschieht ohne Grund und alles hat seinen persönlichen Plan. Um sich zu entwickeln, nehmen die Seelen immer die Talente und Fähigkeiten mit, um ihre Erfahrungen, die sie begonnen haben, weiterzuleben. Im Laufe der einzelnen

Leben kommt man zum Ziel und hat eine Energielinie, in der durch die sich das

Lernen in Vorteile verwandelt. Wenn ein Arzt nach langem Studium seinen

ersehnten Traum von einer eigenen Praxis erfüllt, dann hat er keinen Vorteil,

denn es findet dafür einen Ausgleich durch das Bezahlen statt. Er behandelt die

Klienten und er bekommt dafür Geld. Das ist alles normal und er zieht keinen

Vorteil daraus. Denn solange er ein Preis dafür nimmt, ist das einfach nur ein

Energieaustausch. Jetzt hat der Arzt sich auf ein bestimmtes eher

ungewöhnliches Fachgebiet spezialisiert. Auch wenn ihm aufgrund anderer

Ausstattungsmerkmale seiner Praxis etwas mehr abverlangt wird, als von einem

normalen Mediziner, und er etwas höhere Preise nimmt, dann ist das auch ein

normaler Austausch. Falls er aber aufgrund seiner einzelnen und eher raren

Fähigkeiten eine Monopolstellung innehat und aufgrund dessen die Preise um

ein Vielfaches erhöht, dann benutzt er seine Fähigkeiten zum Vorteil, nutzt

diesen gnadenlos aus und bereichert sich daran. Dadurch baut er Karma auf.

Auch wenn er jetzt das Geld, was er sich angeeignet hat, an hilfsbedürftige

Menschen verteilt, schafft er damit keinen Ausgleich seines Karmas. Das liegt

daran, dass er hier wieder Karma angehäuft hat und zwar positives Karma, was

aber durch negatives angehäuft wurde. Wie kann das sein? Wie hier

beschrieben, kann das Karma nicht mit dem anderen ausgeglichen werden, weil er es durch Vorteile angehäuft hat. Er hat es einem genommen und gab es einem anderen. Er selbst hat dafür nichts Persönliches gegeben. Denn auch wenn er zu viel hat und dem einem gibt und dem anderen nicht, obwohl beide gleich bedürftig sind, dann baut er dadurch positives Karma auf, weil er den anderen bevorzugt. Anders ist der Fall, wenn der Mediziner einen gesunden Lohnausgleich nimmt und von seinem gesunden Verdienst beiden Bedürftigen gleich viel gibt. Dann ist dies ein neutrales Karma und wiegt nicht ungleich. Und das ist im Gesamtem zu betrachten. Dort wo jemand oder eine Gesellschaft seine Machtstellung missbraucht und ausnutzt, baut er negatives Karma auf. Wenn ein reicher Millionär, der sein Geld ehrlich verdient hat und mit seinem Geld einzelne Menschen, die ihm gleichgestellt sind, bevorzugt und den anderen nicht das Gleiche gibt, dann baut er positives Karma auf, weil er die einen benachteiligt und die anderen bevorzugt. Auch dieses erfordert einen Ausgleich. Wenn er aber allen in dieser Gruppe zu gleichen Teilen gibt, dann ist dies ein neutrales Karma und es erfordert keinen Ausgleich. Die Seele speichert alle unerledigten Dinge und nimmt sie in ihr nächstes Leben mit, wenn sie sie ausgleichen will. Ein Ausgleich des Karmas kann sehr verschieden sein. Nehmen wir den Mediziner, der im letzten Leben hohe Preise genommen hat, andere damit beschenkt hat und dann als Wohltäter in seiner Stadt geehrt wurde. Da er gerne als Mediziner gearbeitet hat, wird er auch im folgendem Leben etwas

mit Medizin machen. Da er sehr vermögend war, als er starb, ist er sicher in

einer sehr wohlhabenden Familie geboren, wo er viele Freiheiten hatte, da er

im letzten Leben geehrt wurde und ein anerkannter Mann war. Nun hat er

wieder mit 55 Jahren als Mediziner zwar lange praktiziert aber, aufgrund von

zwei geschiedenen Ehen im Leben trotz harter Arbeit keine Reserven mehr und

kaum noch Motivation, da das Geld sehr knapp geworden ist, um „über die

Runden zu kommen". Er entschließt sich, seine Praxis aufzugeben und zu

verkaufen. Er entscheidet sich dafür, mit dem Erlös nach Afrika auszuwandern,

um dort zu leben und seine Fähigkeiten als Mediziner unentgeltlich anzubieten.

Dadurch, dass er aus freien Stücken seine Fähigkeiten anbietet und keinen

Ausgleich nimmt, reduziert er sein positives, aber auch gleichzeitig sein

negatives Karma. Dies ist nur ein Beispiel von unendlichen Möglichkeiten, sein

eigenes Karma aufzubauen oder abzubauen. In dem Moment, in dem der

Mediziner in Afrika seine Dienste ausführt, wird er mit vielen neuen Energien

und Eindrücken konfrontiert, die er dann verfolgen wird, bis er vom Arztberuf

müde geworden ist und er einen oder mehrere neue Wege geht. Er wird aus

seinem Leben als Mediziner aber sehr viel gelernt haben und seine neuen

Fähigkeiten neutraler oder bewusster benutzen. Das kommt davon, dass er sich durch das Vorleben mit Habgier und Macht und im anderen Leben mit Bescheidenheit und Güte befasste. Er hat also die Extreme kennengelernt und strebt nun die Mitte und Neutralität an.

Eifersucht richtig verstehen

Um Eifersucht zu verstehen und nicht zu verwechseln, ist es gut, wenn wir wissen, was wirklich passiert mit uns, wenn solche Gefühle in uns und unseren Partner ausgelöst werden oder wir sie vortäuschen. Für die meisten gehört Eifersucht zur Liebe dazu und ist ein Beweis für deren Existenz. Eifersucht wird oft auch vorgetäuscht, um von sich selbst abzulenken, um den anderen in die falsche Richtung zu führen, damit man nicht merkt, dass wir oder unser Partner nicht treu sind. Untreue heißt nicht zwangsläufig, körperlich untreu zu sein, sondern einfach im Kopf anderen nachzustellen und nicht zu 100% in der Partnerschaft zu sein. Um dies vor dem anderen zu verbergen, wird dem anderen kopfmäßig Eifersucht vorgespielt, um ihn zu beschäftigen. Des Weiteren gibt es wiederum Menschen, die Eifersucht extra im anderen auslösen, um einen Liebesbeweis und eine Bestätigung für sich zu bekommen. Diese Menschen sind oft von Kopf her gesteuert und leben in Extremen. Sie sind unsicher und haben oft keine innere Reife. Sie können durchaus Selbstbewusstsein vorspielen, sind aber sehr bezogen auf sich selbst und wirken manchmal sehr geschmeidig und dann auch mal sehr kühl. Sie sind sehr

sensibel und wirken durchaus anziehend. Zum guten Schluss gibt es Menschen,

die Eifersucht spüren, welche wir und unser Partner aber falsch verstehen.

Alles, was emotional ausgelöst wird, hat nichts mit dem jeweils anderen zu tun,

sondern ist die Bezogenheit auf sich selbst. Derjenige, der sich diesem Zustand

ausgesetzt fühlt, wird mit seinen eigenen Defiziten konfrontiert. In dem

Moment, in dem wir selbst mit diesen einengenden Gefühlen zu tun

bekommen, sagen sie uns etwas. Wir verstehen den Satz "Ich will dich nicht

verlieren". Übersetzt man ihn aber richtig, dann sagt es aus: "Ich habe

Verlustangst, Angst alleine zu sein". Oder wir verbieten dem anderen, sich mit

anderen zu treffen oder uns selbst wird es verboten. Wir verstehen: "Ich liebe

dich so sehr." Richtig ist aber: "Ich vertraue dir nicht, ich bin unsicher."

Eifersucht bedeutet, dass wir mit unseren eigenen Defiziten konfrontiert werden

und auf uns selbst bezogen sind. Eifersucht hat mit dem jeweils anderen nichts

zu tun. Eifersucht ist egoistisch und sagt zu keinem Zeitpunkt die Worte der

Liebe zum anderen. Eifersucht beinhaltet mehrere Gefühle zusammen: Ich habe

Angst, alleine zu sein. Mein Stolz lässt das nicht zu. Ich bin unsicher. Ich habe

Angst vor einem Verlust. Ich bin abhängig. Ich bin unreif. Ich übe Macht aus.

Das passiert bei Eifersucht. Übersetzen wir diese Verhaltensweise als "Ich liebe

dich", dann würde man nicht so besitzergreifend sein. Denn es heißt eigentlich,
dass man den anderen so liebt, wie er ist. Bei Eifersucht ist das aber nicht der
Fall. Der andere ist lediglich der Auslöser. Auch wenn viele meinen, dass
Eifersucht zur Liebe dazugehört, ist sie dennoch kein Beweis für die Liebe. Zu
verstehen ist es, wenn wir Eifersucht als eine Ansammlung von Gefühlen sehen.
Diese Gefühle sprechen in der jeweiligen Ich Form, auch wenn wir das anders
wahrnehmen. Wenn du das erkennst, dann kannst du ganz bewusst anfangen,
an dir selbst zu arbeiten, um stabiler zu werden und um eine bessere
Partnerschaft zu bekommen. Echte Liebe befürwortet den anderen und engt ihn
nicht ein. Eifersucht verursacht genau das Gegenteilige davon und ist kein
Liebesbeweis.

Gedanken an die Vergangenheit

Gefühle festhalten oder nur das sehen, was war? Gedanken an die
Vergangenheit sind oft gebunden an Gefühle, die uns an die Vergangenheit
erinnern. Wir sehen unseren Gefühlen zu, was sie erleben möchten und was sie
sind. Ich möchte mich sorgen. Ich möchte dir dienen. Wir empfinden und
erkennen das Gefühl in seiner Gebundenheit. Der Kopf verwechselt diese Bilder
mit echter Liebe und kann nicht loslassen. Die Gefühle sprechen mit ihrem "Ich"
und schließen das „Uns" nicht ein. Diese Gefühle sind fixiert auf ihre eigenen

Bedürfnisse und ignorieren alle anderen. Für die Gefühle sind die Menschen austauschbar. Wenn wir uns lösen mussten von jemandem, aber die Gefühle noch nicht aufgelöst wurden, suchen wir unbewusst wieder solch eine Person aus, die die gleichen Energien hat. Das alte Gefühl findet dort erneut Nährboden, um sich auszuleben. So erleben sie wieder das gleiche Muster. Das sind dann wiederholte Erlebnisse in unserer Gefühlswelt, der wir zusehen und nachgehen. Das geht solange, bis wir erkennen und anfangen, unser eigentliches „Ich" ernster zu nehmen und uns selbst zu schützen, wenn uns unsere Gefühlswelt nicht gut tut. Gefühle kennen nur das eigene „Ich". Und wenn wir dem Gefühl zusehen und uns erinnern, dann verwechseln wir das mit dem „Uns". Dem ist aber nicht so. Denn das Gefühl schließt das „Uns" nicht mit ein. Der andere, der das Gefühl auslöst, ist deshalb austauschbar, weil das Gefühl seiner Energie folgt und einen Platz sucht, sich zu entfalten. Diese Gefühle leben nicht in der Realität. Sie suchen Raum im anderen, um sich auszudehnen. Also denke daran, Erinnerungen an jemanden aus der Vergangenheit haben, bedeutet sich die Gefühle anzusehen, die sich dort wohlgefühlt haben. Das Kapitel „Gefühle als eigene Persönlichkeit" wird dir weiter Aufschluss darüber geben. Erkenne es, löse dich von dort und arbeite an deinem Gleichgewicht (siehe Kapitel „Das innere Gleichgewicht"). In der

Vergangenheit zu sein, heißt Stillstand, aber auch dass wir noch nicht davon überzeugt sind, dass es vorbei ist.

Der Umgang mit der Angst

Es ist immer wichtig, seine Ängste zu verstehen. Wenn bewusst wird, woher sie ursprünglich kommen, dann kann man sie direkt erklären und mit Hinzunahme der Realität sehr bewusst daran arbeiten. Ist es aber nicht nachvollziehbar, wann und wie lange sie schon da sind, dann ist es wichtig, herauszufinden, wovor man Angst hat. Angst beinhaltet oft viele einzelne Gefühle zusammen in einer Angst gebündelt. Oft symbolisieren Ängste, dass man verunsichert ist, weil man einfach schlechte Erfahrungen in einer Situation gemacht hat. Auch sagen dir deine Ängste, dass man Konsequenzen scheut und daher unsicher ist, eine Entscheidung zu treffen. Angst heißt, dass unser Urvertrauen abhandengekommen ist. Wir vertrauen uns oder auch anderen nicht. Wie stark wir alles wahrnehmen, hängt von unserer eigenen Erdung ab. Wenn uns der Boden unter den Füßen fehlt und wir es nicht schaffen, im Hier und Jetzt zu sein, dann nehmen wir die Angst fast zu 90% wahr. Das ist so, als wenn wir ins Meer springen, um uns herum kein Land zu sehen ist und wir vom Meer und der Strömung mitgerissen werden. In diesem Fall ist es erstmal sehr wichtig, dass wir uns mit unserem Körper beschäftigen und uns damit erden, bevor wir an unseren Ängsten arbeiten. Denn,- egal wie hart wir in diesem Moment sind

mit uns - wir werden nichts lernen oder verändern, wenn wir keinen Boden

unter unseren Füße spüren. Also wenn du merkst, dass die Ängste übermächtig

sind, dann lass die Angst erstmal gewinnen und ziehe dich davon zurück. Finde

heraus, was dir körperlich Spaß macht und lass es in deinen Alltag einfließen!

Dies wird dir helfen, dir bewusst zu werden und dich selbst besser

kennenzulernen. Nach und nach solltest du dich der Angst wieder stellen und

du wirst merken, dass du deine Angst jetzt anders wahrnimmst. Je mehr du

geerdet bist, desto weniger stark wirst du sie spüren, obwohl sie genauso

intensiv gebündelt ist, wie sie vorher war. In dem Augenblick der Angst ist es

wichtig, sie auszuhalten und sie nach Möglichkeit bewusst zu erleben. Spüre

eine Grenze zwischen deinem Weg und dem eigenen Ziel! Dann bleibe an der

Grenze stehen und nimm dabei deine eigene Begrenzung wahr! Erkenne,

warum es hier nicht weitergeht! Versuche zu verstehen und kehre erst dann

um, wenn du etwas beruhigt bist! Versuche es dann zu beenden, wenn du den

Höhepunkt überstanden hast, um beim nächsten Mal mit dieser Erfahrung

weiterarbeiten zu können! Irgendwann wird sich die Angst nicht mehr

verändern und dir offenbart sich die ganze Begrenzung der Angst. Sie wird nun

immer vertrauter und in einem Moment des Mutes und der perfekten Erdung gehe einfach über die Grenze mit festem Bewusstsein und Entschlossenheit!

Nachdem das geschehen ist, wirst du immer noch unsicher sein, weil du neues

Land betreten hast und dich dort noch nicht auskennst. Das ist ein normaler

Prozess des Kennenlernens. Nach der Verunsicherung kommt eine Erleichterung

und später die Neugier und Freude und du spürst, dass es nun wieder weiter

geht in deinen Leben und du dich jetzt wieder ein Stückchen freier fühlst.

Erstes Ziel sollte immer die Wahrnehmung des Körpers sein. Suche Hilfe, um

dich besser spüren zu können, und lass dich mit Geduld darauf ein! Erst dann,

wenn du dich körperlich stark fühlst, solltest du an deinen Ängsten arbeiten.

Dein Unterbewusstsein

Im Unterbewusstsein agiert unsere Seele. Wir begegnen anderen Menschen

und Seelen mit dem Blick der vergangenen Leben und deren Weiterentwicklung

jeder Art. Immer dann, wenn wir bei Begegnungen mit anderen Menschen

Gefühle bekommen und uns dieser Mensch sehr sympathisch und vertraut

vorkommt, dann signalisiert dein Unterbewusstsein, dass du diesen Menschen

bzw. seine Seele schon kennst. Das Gefühl oder unsere Wahrnehmung dabei

sagt etwas darüber aus, wie wir zuletzt oder bei einer unserer letzten

Begegnungen auseinandergegangen sind. Unser Kopf folgt bzw. reagiert

dementsprechend auf unsere Gefühle. Hier ist es wichtig, wach und aufmerksam zu bleiben. Denn, wenn unser Kopf dieses Gefühl nicht einordnen kann, dann tendiert er gerne dazu, es sofort zuordnen zu müssen, wodurch es zum Missverständnis der Signale kommt. Lass dieses Gefühl so, wie es ist, und erkunde es, indem du den anderen näher betrachtest. Egal, ob du negative oder positive Gefühle dabei hast, sei offen dafür, die Gefühle zu verstehen. Es sollte dir klar sein, dass es eine Fortsetzung ist und du dich dadurch entwickeln möchtest. Sei nicht verwundert, wenn der andere vielleicht nicht so angetan ist wie du. Denn das Unterbewusstsein des anderen begegnet dir auch aus der letzten Begegnung und reagiert dementsprechend. Auch das kann schon ein Hinweis dafür sein, wo es lang geht. Ob beide reagieren oder nur einer erstmal sagt, dass derjenige, dem das Gefühl gefällt oder eher nicht so gefällt, am meisten damit zutun haben wird, weil er nicht neutral bleiben kann dadurch. Beobachte dabei deine Gedanken und lass erstmal kein Urteil zu, sondern schau, was dir gefällt oder was dir nicht gefällt. Versuche ganz bewusst, die Begegnung und die Umstände im Hier und Jetzt zu ergreifen, und traue dich, alles genau zu erkunden, um deinen Weg mit deinen Gefühlen zu erkennen! Wenn du das Gefühl nicht einordnen und ihm nicht nachgehen kannst, dann verweile im Hier und Jetzt! Du bist dabei geerdet. Wenn du im Nachhinein darüber nachdenkst und dadurch versuchst, dieses Gefühl zu ergründen, dann stoppe das! Denn du bist nicht im Hier und Jetzt, sondern der Kopf versucht, das Gefühl einzuordnen, und dadurch läufst du Gefahr, in die falsche Richtung zu laufen.

Ungeduld

Ungeduld ist ein Zeichen für innere Unruhe und wird durch den Kopf und gleichzeitiger Unausgewogenheit im Inneren ausgelöst. In dieser Phase sind wir nicht empfänglich für eine innere und auch äußerliche Veränderung. Wir stehen im Kopf schon an einer Haltestelle und warten ungeduldig und ständig auf die Uhr schauend darauf, dass wir abgeholt werden und weiterkommen. Tatsächlich ist es aber so, dass wir uns erst auf dem Weg zur nächsten Haltestelle befinden und wir noch etwas erfahren sollen, um weitergehen zu können. Der Kopf kontrolliert also noch und lässt das letzte Stück des eigentlichen Weges außer Betracht. Er wirkt starr und dogmatisch und möchte flüchten. Erkennst du das bei dir, dann fange an, dich nochmal aufzumachen! Schaue dich um, was noch nicht stimmig ist, um vorangehen zu können. Das Spüren von Ungeduld sollte dich alarmieren, dass du noch nicht so weit bist, auch wenn es dir nicht gefällt.

Wenn wir bereuen!

Es gibt Momente im Leben, in denen wir unsere Fehler erkennen, die wir in der Vergangenheit gemacht haben. Wir spüren ein schlechtes Gewissen dem Ganzen gegenüber. Wir bereuen, was wir gesagt oder getan haben. Hier bleibe stehen und fange an, die Erkenntnis zu gewinnen! Reue heißt, dass du verstanden hast, was du dem anderen mit deinem Verhalten angetan hast. Du kannst es jetzt nachvollziehen. Dann solltest du dir bewusst die Vergangenheit ansehen und verstehen lernen, warum du so gehandelt hast. Verstehe dich in deinem Verhalten und akzeptiere alles Gesagte und alle Handlungen! Verstehen ist hier wichtig, aber urteile nicht! Erkenne die Gebundenheit deiner Handlung in der Vergangenheit. Du hast nun erkannt, dass dies nicht so toll war, und hast nun daraus gelernt. Feiere dich, denn du wirst durch die Reue und Erkenntnis, die du jetzt erlangst hast, ab jetzt anders Handeln können. Betrachte die Vergangenheit als gegeben und erlebt! Betrachte das Hier und Jetzt und erlebe die Gegenwart als Handlung deiner Veränderung. Erfasse, dass die Vergangenheit wichtig war, um dies Jetzt erkennen und umsetzen zu können. Lebe und erfreue dich!

Vergänglichkeit

Wenn eins gewiss ist, dann ist gewiss dass alles hier auf Erden vergänglich ist.

Alles ist im Wandel und nur durch die Weiterentwicklung und das gleichzeitige

Loslassen sind wir im Fluss der Erde und unseres Lebens. Jede schöne und

auch nicht so angenehme Situation durchlaufen wir in unserem Leben. Oft

möchten wir, dass es so, wie es ist, bleibt und wir uns beschützt und sicher

fühlen können. Gerne erinnern uns unsere Gefühle der Vergangenheit an das,

was war erlebt haben, und vergessen dadurch das, was jetzt ist. Wenn wir im

Fluss unserer Zeit sind, dann entwickeln wir uns. Das, was du vor vielen Jahren

noch nicht konntest oder zulassen wolltest, ist heute tief mit deiner Erfahrung

verwurzelt. Vergänglichkeit heißt, dass wir, wie an einem Tau ziehend, immer

wieder eine Handlung nach der anderen vollziehen. Durch das ständige

Loslassen gehen wir weiter. Loslassen heißt, weiterzugehen. Weitergehen heißt,

im Hier und Jetzt zu sein. Wenn wir im Hier und Jetzt sind, bedeutet dies, das

Leben real zu erleben. Realisiere, was um dich herum ist, und sei dir dem

Prozess bewusst. Durch dieses Bewusstwerden wird dein Leben lebendiger und

wahrhaftiger. Dadurch bist du nicht mehr am Festhalten, sondern akzeptierst,

dass alles vergänglich ist. Sei dir deiner eigenen Sterblichkeit und auch darüber

bewusst, dass hier die Zeit eine Rolle spielt. Zeit ist hier begrenzt und das Hier und Jetzt ist nicht in der Vergangenheit und nicht in der Zukunft. Hier ist die

Zeit des Erlebens und Handelns. Sei bewusst bei deiner Familie und deinen

Freunden und denke nicht unnötig an andere Dinge oder Erledigungen, die in

der Zukunft liegen. Wenn du im Fluss bist, bedeutet dass du auch im zeitlichen

Ablauf im Fluss bist, ohne dass du dich gedanklich hetzt. Deine Intuition wird

dir gute Hilfe leisten, um dich im Fluss zu halten. Eins sollte dir bewusst sein:

Das Hier und Jetzt, in dem wir sind, war in der Zukunft. Ein Wimpernschlag

später ist alles wieder in der Vergangenheit. Je mehr du über die Vergangenheit

oder der Zukunft grübelst , desto mehr vergisst du die Realität und entwickelst

dich nicht im normalen Lebensverlauf.

Was machen Gefühle mit uns?

Gefühle sind immer der Energie der Erde, deren Gesetzen unterworfen und

machen uns lebendig. Sie treiben immer an und sind wie ein Betriebssystem,

das den Computer zum Laufen bringt und ihm Leben einhaucht. Es ist oft der

Fall, dass wir nicht nur ein Gefühl, sondern mehrere gleichzeitig Erleben . Sie

sind dann gebunden und beeinflussen unser Urteilsvermögen. Denn Gefühle

haben, heißt, nicht mehr neutral zu sein. Sie beeinflussen unsere Sichtweise oft

erheblich. So hat die Mutter gegenüber ihren Kindern immer mehrere Gefühle

gebunden und wird sie aufgrund dessen nicht neutral beurteilen können oder auch nicht wollen. Je nachdem, wie stark die Gefühle sind, desto mehr beeinflussen sie. Wenn du dich ihnen nicht stellst, sondern ihnen ausweichst, dann werden sie gespeichert und verursachen Stauungen. Oft speichert die Seele sie ab, um sie zu einem späteren Zeitpunkt auszuleben. Dies passiert aber im Unterbewusstsein. Wenn du aber zu stark im Einfluss deines Kopfes bist und versuchst, deine Gefühle zu analysieren und sie dadurch nicht auslebst, dann spalten sie sich ab. Sobald du diese Gefühle verdrängst, erlebst du einen Stillstand in deinem Leben. Egal, wie oft du das auch machst, wirst du unaufhörlich mit ähnlichen oder gleichen Gefühlen und Erlebnissen konfrontiert, bis du dich ihnen stellst bzw. zuhörst, was sie dir mitteilen. Gefühle sagen dir etwas. Sie erzählen, wie du eine Sache oder Person siehst. Die Angst hemmt oft, die Gefühle ganz zuzulassen und somit zu erkennen, was sie einem mitteilen wollen. Das Ausleben eines Gefühls ist wie ein innerer Lufthauch, der von unten nach oben kommt. Wenn du ihn zulässt und nicht verdrängst, dann erkennst du sofort, was er dir sagt. Ein Gefühl sagt dir, was du magst oder was du nicht magst. Es sagt dir, welchen Typ Mann oder Frau du toll findest. Ein Gefühl zu spüren, heißt, Leben in dir zu haben, Leben nach Ergänzung zu sich selbst, nach Abenteuer, auch die Sehnsucht nach Zweisamkeit. Oft verdrängt unsere Angst diese Gefühle. Es ist aber leichter, das Gefühl zu erkennen, weil wir dann nicht mehr rätseln oder gar unsicher sind. Dadurch werden wir freier in unserem Leben.

Gefühle erleben

Unter dem Durchleben der Gefühle versteht man dass, das aus Sand gebaute Schloss wieder in seine Ursprungsenergie zurückkehrt und zu Sand wird. Es rieselst durch unsere Hand, während wir es erleben. Während man handelt, durchlebt man den Sand als Energie und er bewegt sich weiter. Denn, weder ein Gefühl noch der Beginn oder feiner Sandstaub, nichts kann festgehalten werden. Dann formt das Gefühl nach und nach sein Leben daraus. Und nachdem alles erlebt und gebaut wurde, zerfällt alles wieder und wird zu Staub. So ist es in jedem dieser Bereiche Arbeit, Liebe, Freunde usw. Am Anfang fühlt man den Sandstaub als angenehme oberflächliche Substanz. So ist auch das Gefühl sehr sanft und leicht. Es fühlt sich angenehm an. So kann sich ein Gefühl zu einer Person oder Sache anfühlen. Es weckt nach und nach unsere Aufmerksamkeit zu dieser Sache, dieser Aufgabe oder diesen Personen. Nachdem wir nun angefangen haben mit der Erde oder dem Sand zu spielen und zu experimentieren, formen wir nach und nach unsere Welt. So wird es immer konkreter und klarer. Einzelne Feinheiten werden rausgeholt, so lange bis es nicht mehr verbessert werden kann. Das ist das Sinnbild dafür, dass die

Gefühle dann immer stärker werden und wir uns in dem Ganzen wohlfühlen und ausleben. Doch dann geht nichts mehr voran. Unsere Erdenwelt bleibt, wie sie ist, und wir leben dort, bis wir alles gesehen und erlebt haben und es nichts Spannendes mehr zu entdecken gibt. Dann geht es wieder zurück. Natürlich ist das ein langer Prozess und geht meist über mehrere Leben hinweg. Erste Risse entstehen und niemand ist da, der Interesse hat, sie zu schließen. Und so zerfällt alles wieder in das ursprüngliche Dasein zurück. Wir betreten den Strand oder den Sandkasten. Und so bauen wir aus unserem Sand oder unserer Erde unser Leben. Aus Sand wird feste Erde bis das Haus im Inneren (unsere Gefühle) ein starkes Fundament erreicht hat und das gemeinsame Heim oder Aufgabengebiet ständig wächst. Stelle dir eine Sanduhr vor! Man dreht sie um und der Sand rieselt herunter, bis er vollständig durchgelaufen ist. Es beginnt mit einem leichten Gefühl, das sich so anfühlt, als wäre leichter Sandstaub zwischen unseren Fingern. Zu Beginn sind die Sandkörner einzeln. Durch das Aufreiben werden immer mehr Körner aktiviert und so werden die anfänglichen Gefühle immer mehr in ihrer Intensität.

Gefühle als Lehrbuch verstehen

Alle Gefühle, die es gibt, obliegen den Gesetzen unserer Erde und sind wie ein eigenes Lehrbuch zu verstehen. Sie führen uns in die Energien, die beweglich sind. Diese sind sozusagen die Software, die den Computer zum Laufen bringt. So wie eine Software viele neue Möglichkeiten bietet, ist sie aber in ihrem Bereich jeweils begrenzt und dadurch werden wir begrenzt. Ein Gefühl hat immer einen Anfang und führt dann immer tiefer in die eigene Materie hinein bis zum Ende. Dies ist so zu verstehen wie unser eigenes Leben. Wir werden geboren, wir lernen laufen, wir entwickeln uns und wir sterben. Doch alle Gefühle haben eins gemeinsam, wenn ein Gefühl da ist, dann hört man auf, neutral zu sein, und ist dadurch beeinflusst. Jedes Gefühl beinhaltet oft andere Gefühle. Da unser Verstand oft zu dominant ist, wirkt er wie ein Filter. Denn er lässt nur wenig von den Gefühlen erkennen, da er alles übertönt und sofort die Gefühle kontrollieren will oder gar Angst davor hat, sich verlieren zu können. Wenn wir unsere Gefühle genau wahrnehmen, dann ist es auch leichter mit ihnen umzugehen, weil sie begrenzt sind. Jedes Gefühl sagt dir etwas und flüstert dir zu. So kann ein Gefühl dir sagen, dass etwas interessant oder jemand sympathisch ist. Verstehe jedes Gefühl als ein Buch oder einzelne Zeilen, das gelesen werden will, weil es etwas beschreibt. Wenn der Kopf das

Gefühl festhält, ohne zu wissen, welches er da hat, dann fängt er an, es in eine Schublade zu packen, und verkennt es oft, auch weil es neu erscheint. Dadurch laufen wir oft in die falsche Richtung oder gehen in falsche Beziehungen, die nicht lange halten. Der Kopf vermutet und rät, aber ein Gefühl sagt etwas Klares aus. Wenn wir es zulassen, kann es uns nicht übermannen. Uns können nur viele Gefühle auf einmal überrollen. Wenn wir sie ständig unterdrückt haben, dann haben wir eine Stauung verursacht. Je mehr Gefühle du spürst, desto weniger eigene Liebe ist in dir. Mehr Gefühle gebündelt zu spüren, heißt, dass viele Lehrbücher offen sind, die gelesen und verstanden werden wollen. Denk bei allen Extremen daran, dass du dein Gleichgewicht überprüfst, umso leichter wird es dir gelingen deine Gefühle zu verstehen. Und somit wirst du nach und nach wacher. Je mehr Gefühle unterdrückt werden, desto mehr Lehrbücher bleiben offen. Sie werden nur zur Seite gelegt. Und wie es auch im Leben ist, je mehr ich aufschiebe, desto schwieriger wird es, mich aufzumachen, mich zu motivieren, um alles zu lesen und zu verstehen. Irgendwann sind wir überfordert und trennen bzw. spalten uns davon ab. Wenn wir uns trennen von den Gefühlen, dann hören wir auf im Hier und Jetzt zu agieren. Wir drücken auf die Stoptaste und sind fortan auf Schleichwegen unterwegs und so trennen wir das Yin und Yang.

Gefühle als eigene Persönlichkeit

Um die Sprache der Gefühle zu verstehen, ist es wichtig, sie als eigenes Sprachrohr zu sehen. Gefühle sprechen als eigene Person zu uns. Sie binden sich und sind nicht neutral. Sie sehen nur das Ich und manipulieren und blenden dadurch. Auch Fürsorge ist ein Gefühl. In einem gewissen Rahmen ist es gut zu uns und auch zum Fürsorgenden. Ist es aber zu stark, dann sagt uns das Gefühl: „Ich möchte, dass es dem anderen gut geht und opfere mich gerne". So sagt dir dieses Gefühl gleichzeitig, dass du egal bist, denn es sorgt sich nicht um dich. Also schaue immer zu, dass du nicht so viel Energie hineingibst, sodass du nicht auf der Strecke bleibst. Erkenne, dass du dieses Gefühl hast und nicht der andere. Gerade in solchen Fällen ist es wichtig, Achtsamkeit gegenüber sich selbst auszuüben, dementsprechend zu handeln und sich selbst im Gleichgewicht zu halten. Dadurch bleibst du handlungsfähig und voller Energie. Denke daran, dass du verstehst, dass unsere Gefühle einem "Ich" folgen. Immer wenn du merkst, dass deine Gefühle dich treiben möchten, dann halte inne und versuche zu ergründen, was es dir sagt. Oft sagt es: "Du bist jetzt nicht wichtig, sondern ich will." Wenn dies so ist, dann steuere dagegen und mache erstmal eine Ruhepause für dich, um dich zu spüren, damit du genau weißt, wie es dir gerade geht. Und dann handle deinem

Zustand entsprechend. Mache stets eine Realitätsüberprüfung und spüre dich dabei. Sich zu spüren heißt, sich ehrlich wahrzunehmen.

Gefühle im Kopf erleben

Wie bereits erwähnt, ist es wichtig, deine Gefühle immer da auszuleben, wo sie entstehen und greifbar sind, nämlich im Hier und Jetzt. Dadurch entstehen keine Stauungen und wir erleichtern uns damit. Oft erleben wir aber auch, dass wir von Kindheit an mit Gefühlen und Erlebnissen konfrontiert werden, die wir nicht lösen können. Diese Ereignisse werden von unserer Seele abgespeichert. Später, in vielen Fällen auch Jahrzehnte später werden wir wieder mit diesen Gefühlen konfrontiert. Wenn die Zeit gekommen ist, in der sich die Seele entscheidet, sich diesen Gefühlen zu stellen, dann werden Ereignisse herbeigeführt, die Gefühle auslösen. Wir sind oft in der Situation überfordert bzw. sind ihm erst einmal hilflos ausgeliefert oder reagieren, weil es notwendig ist. Hier sollte klar sein, dass das Gefühl, was wir gerade spüren, unser Lehrbuch ist im Hier und Jetzt (siehe Kapitel „Gefühle als Lehrbuch verstehen"). Nachdem sich alles um uns herum beruhigt hat und wir nun keine Ablenkung im Alltag haben, werden diese aktivierten Gefühle in uns aufkommen. Oft sind es Gefühle, die nichts mit der aktuellen Situation zu tun haben, sondern es sind Gefühle, die sich vortasten. Diese Gefühle sagen etwas, sodass du dich schuldig fühlst oder eifersüchtig bist. Vielschichtige Gefühle sind möglich. Nun wird dein Kopf die Kontrolle übernehmen und dieses Gefühl wird sich dadurch verstärken. Der Kopf drückt dich sozusagen in das Gefühl hinein. In dem Moment bist du nicht mehr neutral gegenüber dem Gefühl. Versuche das zu erkennen, wenn du gefesselt bist von deinen Gefühlen und den Gedanken dazu. Werde dir jetzt bewusst, dass dies dein Lehrbuch ist, und geh gedanklich erst einmal ganz bewusst daraus. Versuche dich zu erden, indem du etwas Körperliches und gleichzeitig etwas Sinnliches machst. Werde dir bewusst, dass dies ein Lernfeld ist. Der Kopf wird dich gedanklich immer wieder verwickeln und dir einreden, diesem Gefühl Glauben zu schenken. Doch hier ist es wichtig, zu erkennen, dass dein Kopf nur diesen Gefühlen folgt und auch nicht anders kann. In dieser Phase ist es wichtig, dass du neutral gegenüber dem Ganzen wirst und dir die Realität ansiehst. Es ist wichtig, dass du das Gefühl oder die Gefühle entfesselst, was heißt, sich durchaus die Ereignisse anzusehen, die man dir zeigt und sie durch die Realität zu überprüfen bzw. zu ersetzen. Versuche die Vergangenheit zu verstehen, indem du dir alles noch einmal vor Augen führst und dich und andere dabei in ihrer Handlung richtig wahrnimmst. Gehe keinen Gedanken nach wie „Was wäre wenn?" oder „Hätten die Dinge anders laufen können?". Akzeptiere die Realität! Erkenne dass die handelnden Personen nicht anders hätten handeln können, weil auch sie ihren Gefühlen folgten. Akzeptiere

die Vergangenheit und lerne dadurch, sie in ihrem Handeln zu verstehen. Ziehe

dich nach und nach aus der Gefühlsschlinge. In dem Moment, in dem du auch

die anderen miteinbeziehst, fang an, das Gefühl zu erweitern und es aus der

„Ich – Bezogenheit" zu lösen. Das ist so zu verstehen, wie wenn du einen

Gegenstand nur von einer Seite betrachtest und erst beim genauen Betrachten

aller Seiten das Große und Ganze wahrnimmst und es dadurch richtig beurteilen

kannst. Wichtig ist, dass du es betrachtest, aber nicht darüber urteilst, sondern

es lediglich verstehst. Beim Erleben der Gefühle im Kopf musst du aufpassen

und mit Vorsicht handeln. Denn der Kopf ist nicht neutral. Darum ist es wichtig,

in die Neutralität zu kommen, um alles richtig zu verstehen. Durch Verstehen

und Akzeptieren wird sich alles auflösen und du bist dann frei.

Der Umgang mit deiner Trauer

Trauern bedeutet, viele Gefühle zusammen zu erleben und zu empfinden. Das

ist wie ein Haus, in dem man sein Leben eingerichtet hat und in dem wir unser

Leben wie gewohnt (oft auch unbewusst) im Alltag ausleben. Durch die

tägliche Routine erledigen wir vieles unbewusst. So legen wir oft unsere

Wertsachen und Schlüssel an einem immer gleichen Ort ab. Und erst wenn

unsere Sachen nicht dort sind, erschrecken wir und erleben dabei das Gefühl des Verlustes. In dem Moment folgen wir oft einer Starre der Angst und unseren Instinkten. Wir suchen unsere Sachen und haben Angst, dass wir sie nicht mehr finden, aber das Unterbewusstsein signalisiert, dem Gefühl nachzugehen und das verlorene zu suchen, um das Problem zu lösen. Finden wir aber nach stundenlangem Suchen unsere Wertsachen nicht, dann erleben wir das Gefühl des Verlustes bewusst und handeln dann dementsprechend. So etwas passiert auch, wenn wir einen Verlust erleben, der uns meist überrascht. Wir sind im Unterbewusstsein mit der Lösung und deren Aufgaben beschäftigt, nachdem wir durch diesen Schock aus unserer vertrauten Routine erwacht sind. Schockzustand heißt, dass wir wissen, was passiert ist, aber wir die dazugehörigen Gefühle, die sich dadurch aktivieren, nicht wahrnehmen können. Oft überkommen uns erst bei oder nach der Beerdigung unsere Gefühle dazu. Etwas Wertvolles haben wir verloren. Nichts kann uns diesen Verlust ersetzen. Mir fehlt es. Ich vermisse das alte Leben. Ein großes Loch ist entstanden und ich kann es nicht stopfen oder neu auffüllen. Sehr viele Gefühle und Fragen überfallen mich und das ist dann einfach zu viel. Lass in der Trauer Tränen zu. Spiele keine Stärke vor, sondern sei so, wie du dich fühlst. Von einem Moment auf den anderen änderte sich dein Leben und du brauchst jetzt Zeit, das alles zu realisieren und zu verändern. Nach und nach wirst du wieder in deinem neuen Alltag Platz finden. Wenn du das Gefühl der Überforderung hast, dann ist es jetzt wichtig und gut, dass du dich erdest. Mach jeden Tag etwas, wobei du deinen Körper spürst und belastest, und anschließend oder gleichzeitig etwas für deine Sinne. Konzentriere dich auf die Kniebeugen und spüre die Anspannung und Belastung. Reibe dich an den Armen oder anderen Körperteilen mit wohlriechendem Öl oder creme deine Hände mit duftender Handcreme ein und erlebe das Einreiben und den Duft dazu. Mach das, was du jetzt am besten bewerkstelligen kannst. Höre Musik oder schmecke ohne Ablenkung dein Essen. Je intensiver und öfter du das machst, desto mehr bist du im Hier und Jetzt. Wenn deine Trauer wiederkommt, dann wirst du nicht mehr so übermannt und kannst so nach und nach wieder in dein neues oder ins altes Leben zurückkehren. Beobachte deine Gedanken. Schreibe alle Fragen, die aufkommen, auf. Alle Fragen, die alternative Ausgangsmöglichkeiten haben könnten, kann ich nur betrachten, aber nicht ändern. Lerne zu verstehen, warum wir nichts ändern können. Unsere Seelen arbeiten miteinander. Und wenn eine Seele geht, dann ist es von ihr so gewollt. Sie wollte nicht gerettet werden oder weiterleben. Es war nicht zufällig, sondern gewollt. Deinen Verstorbenen geht es dort im Feinstofflichen sehr gut. Dort ist man nicht den Gesetzen der Erde erlegen. Im Gegenteil Raum und Zeit spielen keine Rolle mehr und man ist leichter als eine Feder. Nur wir fühlen uns schwerer, weil uns

unsere Gefühle be - und erdrücken. Trauere ganz bewusst. Bewusstes Trauern

mit der täglichen Erdung des Körpers und unseren Sinnen wird uns frei

machen. Alle Fragen benötigen eine ehrliche Antwort. Versuche, niemandem

eine Schuld zu geben. Denn dann schnüren sich deine Gefühle noch mehr zu

und es fällt noch schwerer, loszulassen.

Die Sprache deines Körpers

Was wir Menschen können, ist bekannt. Wir können ehrlich sein, lügen oder

einfach schweigen. Der Mensch hat immer eine Wahl, wie er mit anderen

umgeht und sich den anderen mitteilt. Sein Körper hingegen wird ihm immer

nur auf eine einzige Weise begegnen und zwar stets wahrheitsgemäß. Sein

Körper hat wunderbare Eigenschaften. Er entspringt einerseits der Schöpfung

und andererseits ist er durch die Evolution immer perfekt auf die neuen

Umgebungen und Herausforderungen vorbereitet. Der Körper ist die Sprache

der Liebe zu sich selbst. Viele schauen und beurteilen ihren Körper oft viel zu

kritisch und wieder andere sehen zu viel weg aus Angst, dass es etwas

Schlimmes sein könnte, wenn einmal etwas Ungewöhnliches am oder im Körper

ist. Doch wenn du deinen Körper genau spürst und darauf achtest, was er dir

mitteilt, dann wirst du im Einklang mit ihm sein. Sagen wir einmal, du spürst etwas Halsweh und deine Stimme ist etwas heiser, dann sagt dir der Körper, dass du in letzter Zeit zu viele Kontakte und Gespräche hattest, die dich erschöpft haben. Nun ist es ratsam, darauf zu achten, dass du etwas für den Körper tust und dich gleichzeitig weniger nach außen mitteilst. Für den Körper kann es für unterwegs etwas zum Beruhigen geben in Form eines Bonbons. Gegen Abend oder wenn du Zeit findest, dann trinke Kamillentee mit etwas Honig dazu. In dem Moment, in dem du dies alles tust, signalisierst du deinem Körper, dass du ihn verstanden hast, und sofort am nächsten Tag wird es dir schon sichtlich besser gehen. Jetzt wäre es gut, das Ganze am nächsten Tag fortzusetzen oder zu wiederholen, auch wenn du nichts mehr spürst, denn damit bleibst du im guten Kontakt mit deinem Körper und hast eine gesunde Verbindung. Achte auf die kleinen Zeichen sowie auf die großen! Denn so kommuniziert dein Körper mit dir. Alle Beschwerden in der Kopfregion deuten auf zu viele Gedanken und Sorgen hin. Hals und Stimmbereiche haben immer mit der Kommunikation zu tun. Alle Beschwerden im Brustbereich sagen dir, dass du dich einengst im Leben und zu wenig frei bist. Der Bauchbereich weist auf unterdrückte Gefühle und Sorgen hin. Probleme mit den Beinen stehen für einen Stillstand in bestimmten Lebensabschnitten. Probleme im Armbereich steht für zu viele oder zu wenige Handlungen im Alltag. Lerne deine Gefühle in

Echtzeit auszuleben und auszusprechen. Geh deinen Impulsen nach und lass dich nicht durch deinen Verstand beeinflussen. Diskutiere nicht mit dem Kopf. Deine Impulse sind ehrlich zu dir und möchten gehört und gelebt werden. Dein Körper ist ein Spiegelbild deiner Seele und bedarf der Pflege und Zuneigung. Also, wann immer etwas ist mit dir, kümmer dich darum. Dein Körper ist dein Freund, den du achten und respektieren solltest, um mit ihm im Einklang zu sein und zu bleiben.

Das innere Gleichgewicht

Wenn wir uns im inneren Gleichgewicht befinden, ist es immer leichter Entscheidungen zu treffen oder im Hier und Jetzt optimal zu reagieren, weil wir im Einklang sind und uns spüren. Oftmals nimmt uns der Alltag gefangen und wir agieren oft nur und registrieren nicht, wie es uns wirklich geht, weil wir abgelenkt sind. Dennoch ist es wichtig, sich die nötige Zeit zu nehmen, um sich zu spüren. Jeder kennt das Yin und das Yang, aber viele wissen gar nicht, wie sie die Anteile von männlich und weiblich erkennen. Optimal ist es, wenn beide Wesensanteile zur Hälfte da sind, also 50% männlich und 50% weiblich. Jedes Geschlecht hat Männliches und Weibliches in sich. Oft hat der Mann die männlichen Anteile vermehrt in sich so wie die Frau von dem Weiblichen oft mehr hat. Der männliche Anteil ist rational und körperbetont, was alles betrifft, was mit dem reinen Körper zutun hat, was greifbar und sehend ist. Der

weibliche Anteil, umfasst alle Sinnesorgane, also das Sehen, Hören, Schmecken

usw. Wenn wir im Einklang sind, dann ist das mit einem funktionierenden

Computer zu vergleichen. Das gesamte Gehäuse also alles, was man anfassen

kann, im inneren sowie das Äußere, ist der männliche Anteil. Die Software ist

der weibliche Anteil, der den Computer zum Laufen bringt. Es ist immer wichtig,

einen Ausgleich im Alltag zu finden. Wenn du beruflich und privat körperlich

sehr gefordert bist, wird automatisch der weibliche Anteil vernachlässigt. Es gibt

zwar Berufe, die durchaus beides fordern, doch ist dies oft nicht der Fall. Daher

ist es dann immer wichtig, zumindest für eine gewisse Zeit körperlich

abzuschalten und bewusst die Sinne zu fordern. Es reicht nicht aus, sich nach

extremer körperlicher einseitiger Beanspruchung auf das Sofa zu legen und

nichts anderes zu tun, als Fernsehen zu schauen. Denn dann ruht zwar der

Körper, aber es findet kein Ausgleich statt. Stattdessen wäre es gut, sich etwas

Erfrischendes zum Trinken zu machen und Essen mit vielen Gewürzen zu

kochen, um deine Sinne zu aktivieren. Du solltest dich auch beim Essen und

Trinken oder beim Baden mit ätherischen Ölen nicht ablenken lassen, sondern

solltest dich und deine Sinne ausleben und sie intensiv spüren. Auch wenn du in

die Natur gehst, solltest du versuchen, sie zu erleben und zu spüren mit all deinen Sinnen. Es ist auch hilfreich, Pflanzen anzufassen und sie zu riechen. All das hilft dir, zu einem Ausgleich zu kommen. Es ist allerdings wichtig, dass du im Hier und Jetzt verweilst, unnötige Gedanken vermeidest oder ihnen nicht nachgehst. Denn Gedanken lenken dich von den Sinnen und dem Spüren des Gegenwärtigen ab. Versuche, alles bewusst zu erkennen. Das Gleiche gilt, wenn du im Alltag zu viele Sinneserlebnisse hast. Denn dann wird der Körper vernachlässigt und braucht Pflege bzw. Aufmerksamkeit. Hier wäre es gut, wenn du dich sportlich betätigst und dich dadurch erdest und spürst, wie sich dein Körper anfühlt. Es ist übrigens normal, wenn das eine oder das andere einmal mehr gefordert wird und dominiert. Wichtig ist, dass du darauf achtest, dass nichts Überhand nimmt. Wenn du aufmerksam bleibst, dann wirst du schon immer vorher wissen, was du jetzt brauchst, weil du dich spürst. Und wenn du diesem folgst, werden dir die Aufgaben im Alltag leichter von der Hand gehen.

Das optimale Denken

Denke weder positiv noch negativ. Denke am besten gar nicht oder sei und denke optimistisch. Optimismus heißt, im Stillstand positiv zu denken. Optimismus ist das Mittelstück zwischen positivem und negativem Denken. Während das Positive und das Negative sich als gegensätzlich gegenüberstehen, verharmlost der Optimismus als Zwischenstück jeweils die beiden Extreme. So kommt es nicht darauf an, welche Antwort am Ende herauskommt. So fallen wir nicht in einen Schockzustand. Wenn man optimistisch bleibt, heißt dies, dass wir beide Antworten als Möglichkeit ansehen, während positives oder negatives Denken nur eine Möglichkeit in den Blick nimmt. Und wenn die Antwort dann doch anders ausfällt, ist die Enttäuschung umso größer. Denn dann habe ich mich tatsächlich selbst getäuscht. Mit positivem oder negativem Denken urteile ich und verlasse damit die Realität. Optimistisch zu sein heißt auch, dass ich ohne Erwartung bin und jedes Ergebnis, was sein wird, als richtig anerkenne. Auch wenn ich es nicht sofort erkenne, aber so kann ein negatives Ergebnis doch ein positives sein. Es werden dir immer Menschen begegnen, die dir sagen, dass du positive Gedanken haben solltest, du dann alles Positive anziehst und dein Leben sich in besseren Bahnen entwickelt. Du kannst dir alles erdenken und wünschen, was du willst. Doch in der Realität ist das nicht notwendig oder möglich. So wie hier beschrieben, verneint man die Möglichkeit, negative Erfahrungen zu machen. Dadurch sagt man, dass einzig positive Gedanken und Gefühle positiv sind. Doch können auch negative Gefühle oder Erlebnisse positiv sein. Nehmen wir an, du hast eine Arbeit, die dir Spaß macht. Die Atmosphäre ist okay und du verdienst gut. Eines Tages liest oder hörst du von einer Firma, die viel größer ist als deine, dass dort Führungskräfte gesucht werden. Das wolltest du schon immer und du bewirbst dich mit deiner langjährigen Erfahrung dort. Du bekommst dann auch tatsächlich ein Vorstellungsgespräch und bist auf einmal aufgeregt. Du bist einerseits euphorisch und hast anderseits bedenken. Falls du diesen Zustand kennst, dann lies, was mit dir wirklich passiert. Euphorie ist die Energie der Erde und der Kopf legt dann Hoffnung hinein. Er malt sich alles bunt aus und denkt, dass dies die Chance ist. Doch es ist alles nur Träumerei deines Kopfes und selten hilfreich. Denn dein Kopf malt sehr schnell und rasch und verliert dabei immer mehr die Realität. Kommen wir nun zur anderen Seite, den Bedenken, die du in anderen Momenten außerhalb der Euphorie spüren konntest. Diese Bedenken ordnet man gerne als unnötige Ängste ein. Doch das ist oft ein Irrtum. Denn nun meldet sich deine Intuition zu Wort. Sie erkennt hier schon einen unnötigen Weg. Denke daran, dass du Ängste nahe der Brust spürst und sie auch solange da bleiben, bis du mit der Möglichkeit des neuen Jobs im Einklang bist. Die Intuition hingegen ist viel weiter unten im unteren Bauchbereich und stets ehrlich und angstfrei. Sie wird dir nie eine unsinnige Geschichte erzählen, wie es Ängste oder Gefühle mit dem Kopf tun. Sie weist dich auf etwas hin. Einen Impuls als unangenehm zu empfinden heißt, dass du aufpassen musst, da du in die falsche Richtung gehst. Ein angenehmer Impuls, heißt dass, du auf dem richtigen Weg bist. Nun bist du beim Vorstellungsgespräch und irgendwie bemerkst du, dass du wieder einen unangenehmen Impuls wahrnimmst, obwohl alle so ganz nett sind. Doch der Eindruck bleibt auch nach dem Gespräch und auf einmal bist du unsicher, ob der Job der richtige ist. Der Kopf denkt, der Job ist gut, und dein Bauch meint immer noch, aufpassen und warnen zu müssen. Doch der Kopf will diesen Job und malt sich weiter aus, wie schön es wird und was für Möglichkeiten warten. Nun kommt aber tatsächlich eines Tages die Antwort. Im Kopf hast du schon unterschrieben und immer positiv gedacht. Nun bekommst du eine Absage und bist schwer enttäuscht und traurig. Was hast du falsch gemacht? Du hast doch stets positiv gedacht. Doch das täuscht, denn du hast nicht positiv gedacht, sondern deinem Kopf zugesehen, wie er praktisch schon dort arbeitet, ohne in der Realität zu sein. Er hat dich damit ge- und später enttäuscht. Doch in dem Augenblick der Absage fühlst du auf einmal auch eine Erleichterung, was daran liegt, dass deine Intuition dir die Richtigkeit dieser doch eher positiven Nachricht der Absage mitteilt. Wenn dir das passiert oder schon passiert ist, dann sei gewiss, dass es so seine Richtigkeit hatte, und grübel nicht über irgendwelche Fehler nach, die du finden möchtest, um eine Rechtfertigung zu bekommen, warum du eine Absage bekommen hast statt der erhofften und erdachten Zusage. Grundsätzlich arbeiten unsere Seelen zusammen und es wird eine Zusage geben, wenn der Weg richtig ist. Hättest du von Anfang an auf deinen Impuls geachtet, dann hättest du vielleicht erst gar keine Bewerbung dorthin, geschrieben. Wenn du merkst, dass du nicht mehr zufrieden bist mit deiner Arbeit, dann nehme diesen Impuls auf und akzeptiere ihn zunächst, aber suche noch nichts Neues, warte einfach ab: Erst Erkennen, dann Akzeptieren und dann Gewöhnen. Dies ist sozusagen eine neue Tür, die du nicht kennst, aber mit neuen Impulsen wirst du diese neue Tür kennenlernen, indem du ohne Gedanken lauscht. Irgendwann kommt der Impuls und es geht weiter. Der Sinn ist, zu verstehen, warum man nicht mehr zufrieden ist. Es kann sein, dass du etwas anderes in einem ganz anderen Themenbereich arbeiten möchtest. Doch erst solltest du das wissen. Der Kopf geht nur die Wege, die ihm bekannt sind. Ihm wird selten ein Themenbereichswechsel als Lösung einfallen. Vertraue dir selbst und der Klarheit deiner Intuition. Spielt sich alles im Kopfbereich ab, solltest du sehr skeptisch sein. Ein Kopf wird und kann sich irren, aber nicht deine Intuition. Also sei stets optimistisch und damit in der Mitte. So ersparst du dir unnötige Aufregung und Enttäuschung. Unnötiges Denken in positiver oder negativer Richtung lenkt dich zu sehr von deinem wirklichen und wahren Weg ab. Wenn du ständig denkst, dann ist es oben zu laut, um deinen echten Impuls zu spüren. Viele werden dir vielleicht berichten, dass das positive Denken einfach eine Visualisierung deines freien Willens ist und dass dies bei ihnen geklappt hat. Hier sei darauf

hingewiesen, dass das, was sich positives Visualisieren nennt, tatsächlich oft ein

Truggedanke ist. Oder du hast unbewusst in die Zukunft geschaut und darum ist

es eingetroffen, weil es vorher bestimmt war. Überprüfe stets deine Realität. Was

du vor 10 Jahren wolltest und wünschtest, das kann heute anders sein. Doch der

Kopf hat es noch gespeichert. Überprüfe deinen Wunsch realitätsnah und spüre in

dich hinein.

Wünsche im Leben

Wahre Wünsche aus dem Herzen werden stets Erfüllung finden, weil sie aus

ehrlichem Sein sind. Dein Herz ist stets ehrlich und antwortet wahrheitsgemäß.

Diese Wünsche brauchen kein positives Denken oder Affirmationen. Denn das

Herz strahlt unsere Wünsche stets aus und ist unbewusst für uns. Sie finden

dann Erfüllung, wenn der richtige Zeitpunkt da ist. Es braucht keinen bewussten

Gedanken dazu. Dein Herz wird dich rechtzeitig darauf aufmerksam machen,

sodass du dich darauf einstellen und daran gewöhnen kannst. Sagen wir

einmal, dass du auf einmal eine Wahrnehmung bekommst, dass du deine

jetzige Arbeit nicht mehr ausüben möchtest oder keine Energie mehr für sie

hast, dann will dir dein Herz mitteilen, dass in absehbarer Zeit ein Wechsel oder

eine Veränderung stattfinden wird. Dies ist dann eine Mitteilung für dich, damit du darauf vorbereitet bist. In diesem Moment wird dein Kopf versuchen, alles zu kontrollieren, und wird oft sofort Argumente finden, warum es nicht richtig ist oder er wird sofort versuchen, eine alternative Stelle zu finden, um mit der Angst, arbeitslos zu werden, umzugehen. Doch hier solltest du sofort stoppen, dich einfach nur an den Gedanken der Veränderung gewöhnen und ihn akzeptieren, ohne jetzt schon aktiv zu werden. Es ist nur ein Hinweis auf das, was kommt. Spürst du dabei Angst oder Unsicherheit, dann ist dies ganz normal, denn der Kopf braucht die Kontrolle und so etwas verunsichert ihn. Lass das Ganze einfach stehen und gewöhne dich nur an die Möglichkeit einer Veränderung. Nachdem du dich ohne vielen Gedanken damit vertraut gemacht hast, indem du nur hineingelauscht hast in deine Intuition und dabei alles klar wahrgenommen hast, wird erst wieder Ruhe in dir einkehren, und wenn der richtige Zeitpunkt gekommen ist, wirst du wieder informiert, was der nächste Schritt ist, bis du alle Veränderungen durchlebt hast. Schon wirst du wieder ein Stück leichter sein und ein wenig mehr Zufriedenheit erleben. Du solltest stets unterscheiden, was deine wirklichen Wünsche sind und was der Kopf ausdenkt, sich zu wünschen. Dein Herz gibt dir einen leichten Impuls und bereitet dir den Weg in perfekter zeitlicher Harmonie. Und mittendrin hast du nichts weiter zu tun, als bis zum nächsten aufkommenden Impuls oder Hinweis zu handeln. Der

Kopf wird sich ununterbrochen damit beschäftigen, seinen Wunsch auszumalen und alle Möglichkeiten durchzugehen, ohne stehen zu bleiben. Erlebst du so etwas, dann stoppe und hinterfrage alles noch einmal. Ein Herzenswunsch äußert sich durch die Worte "Ich liebe"...., wohingegen der Kopf anfängt mit den Worten "IIch will, weil ...." Auch wenn dein Kopf einmal einen ehrlichen Wunsch hat, der deinem Herzen entspricht, dann ist das aber nur ein Treffer von vielleicht fünf anderen Kopfwünschen, von denen vier davon nicht in Erfüllung gehen werden, weil sie nicht ehrlich sind und oft einfach unsere Angst besänftigen sollen oder Neid und anderen niedrigen Bedürfnissen ausgesetzt sind. Einige werden dir sagen, dass dies so nicht stimmt und sie mit ihren Gedanken und bildlichen Affirmationen in Verbindung mit den dazugehörigen Gefühlen, ihre Wünsche erfüllen konnten. Wenn jemand behauptet, er hat die Ereignisse, den zukünftigen Partner oder die Wohnung vorher als Wunsch gedanklich gesehen, dann hat derjenige seine Zukunft gesehen, ohne sie bewusst zu erkennen. Konzentriere dich auf das Hier und Jetzt, denn dann hast du viel Freiraum, kannst dein Leben auch erleben und bist nicht ständig woanders oder siehst vielleicht einen Wunsch, der nicht ehrlichen Herzens ist, und verschwendest dann unnötige Energie und Mühe, die sich nicht lohnt am

Ende. Unsere Seelen kommunizieren durch unsere Herzen und weisen uns den ehrlichen Weg der Erfüllung.

„Es gibt viele Wahrheiten hier auf Erden.

Aber nur eine im Göttlichen".

(Eingebung zum Buch)

Deine Intuition

Vielen Menschen ist gar nicht bewusst, dass sie intuitiv handeln. Oft hat man Automatismen, die ablaufen wie gewohnt. Aber wir sprechen hier nicht von etwas, was der Kopf durch Routine erlernt hat, sondern wir sprechen umgangssprachlich von einem Echtzeitscanner. Die Intuition ist weiblichen Ursprungs, darum spricht man von der weiblichen Intuition. Allerdings unterscheidet sie sich selbst nicht vom Geschlecht und ist unabhängig. Sie ist sowohl Empfänger als auch Absender oder Botschaftsgeber. Hier kommuniziert die Seele, aber auch deine geistigen Helfer. Die Intuition ist ein Ruhepol und immer klar und ruhig. Zu vergleichen ist das mit einem stillen See, der ganz ruhig ist und dessen Wasser brillant zurückgespiegelt wird. Der Impuls ist im unteren Bauchbereich zu spüren. Anders als Gefühle oder der Kopf sendet dir deine Intuition, auch gerne Bauchgefühl genannt, einen kurzen klaren Impuls. Dies tut sie aber nur, wenn es nötig ist, und sie erinnert auch nicht ständig neu daran, so wie es das Gefühl oder der Kopf macht. Sie ist wie eine kleine durchsichtige Scheibe, die energetisch verbunden ist mit deiner Seele und der Energie der Erde. Sie ist ohne Einfluss und neutral sozusagen das Sprachrohr zwischen den Welten. Stell dir sie so vor, als wenn eine Hand "Erde" und eine Hand "Seele" sich die Hände reichen als Begrüßung. Man kann es auch als Übergang oder neutrale Zone benennen. Dies ist ein Ort, in dem nichts gefiltert wird und nichts manipuliert werden kann. Die Kunst ist dabei, es klar zu erkennen. Je mehr der Kopf denkt, desto weniger nimmt man das Bauchgefühl wahr. Viele Gedanken zu haben heißt, sich nur noch oberhalb wahrzunehmen, wodurch sich vermeintlich der Kontakt zum Bauch trennt. Das ist aber nicht so. Dann ist der Kopf zu laut, um den Bauch zu hören oder zu spüren. Auch wenn viele denken, dass sie kein oder nur ab und an ein Bauchgefühl haben, sei gewiss dass die Intuition bei jedem Menschen da ist. Doch entweder hast du deine Intuition nie als solche wahrgenommen oder es sind zu viele Störfaktoren im Sinne vom Denken, Fühlen oder dem allgemeinen Alltag, der für Ablenkung oder Störungen sorgt. Dann ist es bei dir zu laut. Die Intuition wird dir immer die Klarheit übermitteln und dich niemals anlügen. Falls du doch einmal das Gefühl hattest, dass es anders war bei dir, sei Folgendes erklärt: Die Intuition ist ganz in der Nähe des Gefühlschakra, sodass es sein kann, dass du ein Gefühl wahrgenommen, aber es nicht erkannt hast. Deine Gefühle haben ein Eigenleben und verfolgen eigene Ziele. Oder du hattest das klare Gefühl, dass deine Intuition dich führte, aber du in einer unangenehmen Situation gelandet bist, dann war diese Erfahrung wichtig und auch gewollt für dich. Denke daran, dein Bauchgefühl ist neutral und klar. Es wertet nicht. Es wird dich immer dann warnen, wenn es notwendig ist. Der wesentliche Unterschied zum Kopf oder Gefühl ist, dass die Intuition einen kurzen, aber klaren Impuls zu dir sendet. Man nimmt diesen Moment oft nicht wahr, weil man nicht im Hier und Jetzt verweilt und beim Gehen zum Beispiel aufs Handy schaut oder beim Autofahren gedanklich woanders ist. Wer aber im Hier und Jetzt verweilt, der wird den Übergang und den Impuls als einen ganz wachen Moment wahrnehmen. Du kannst auch klar erkennen, wann der Kopf oder ein Gefühl dir etwas sagt, nämlich dann, wenn es ständig da ist und es uns immer wieder mitteilt. Sicher kennst du die folgende Situation: Du fährst eine gewohnte Strecke und plötzlich kommt ein Impuls, heute einmal woanders lang zu fahren, doch dann kommt gleich der Gedanke "ach Blödsinn". Du fährst weiter und auf einmal stehst du im Stau oder es geht einfach nicht weiter, weil ein Lkw vor dir schleicht.

Vielleicht gibt es auch ähnliche Erlebnisse, nach denen du dachtest: "Das habe ich doch gewusst." Hast du erkannt, wo der Übergang war? Als du es wahrnahmst, fehlte der Moment des Hinterfragens. Hättest du anstatt "Blödsinn" zu denken, "im Inneren" gefragt warum? Dann wärst du deiner Intuition gefolgt und wärst dann aus Unsicherheit einen anderen Weg gefahren, ohne genau zu wissen warum. In dem Moment, in dem du in Zwiesprache bist und mit dir diskutierst, diskutierst du mit deinem Kopf, der diese Art von Gefahr oder Hindernis nicht erkennen vermag. Denn er kann nur vermuten oder raten. Der Kopf kann nur das Wissen abrufen, was er gelernt hat, die Intuition ist frei davon da sie nicht vermutet, sondern es weiß. Der Kopf denkt an viele Möglichkeiten und Wege als Lösung, aber deine Intuition weiß den einzig richtigen Weg, weil sie das Ziel kennt. Denn deine Intuition kennt die göttliche Wahrheit und hat die Klarheit.

Das Leben mit deiner Intuition

Da wir gelernt haben, erst mit dem Kopf zu denken, machen wir uns die Dinge oft zu kompliziert. Wenn der Kopf die Kontrolle hat, muss es der Kopf auch alles kontrollieren. Er wird dich auffordern, an Dinge zu denken, die noch gar nicht an der Reihe sind. Du wirst dir Notizen machen und viele unnötige andere

Sachen tun. Dadurch wirst du nur am Grübeln und am Nachdenken sein. Die meisten werden das so kennen. Der Gedanke an einem Umzug und dessen Planung versetzt in dir das Grauen. Oft hat man Angst, in der Hektik, die wir uns dabei selbst machen, etwas dabei zu vergessen. Wahrscheinlich ist man die ganze Zeit angespannt ohne ersichtlichen Grund. Wenn du aber angefangen hast, mit deiner Intuition zu arbeiten, dann wirst du zu jedem Zeitpunkt entspannt sein, denn deine Intuition erinnert dich daran, wann die Zeit ist, etwas zu organisieren oder zu planen. Sie wird es dir mitteilen und danach benutzt du deinen Kopf, um zu handeln. Danach ist dann wieder Ruhe, bis der nächste Impuls kommt, bis alles erledigt ist in zeitlicher Harmonie und Ausgeglichenheit. Du wirst gar nicht merken, wie vollkommen deine Intuition doch ist. Keine unnötigen Sorgen, Gedanken oder Stress wirst du dabei haben. Ich selbst habe so schon oft meinen Umzug genießen dürfen. Denn so darfst du einfach sein.

Drei Arten der Intelligenz

Im Lauf der Zeit entwickeln wir unterschiedliche Arten, um uns weiterzuentwickeln. Jeder ist besonders und einzigartig. Wir nehmen immer nur das mit, was wir brauchen, um erfolgreich unseren Weg zu gehen. So ist es auch mit der Intelligenz. Wir nehmen immer den sogenannten IQ mit, der notwendig ist. Wenn du einem Menschen begegnest, dem du dich überlegen fühlst, dann solltest beachten, dass es für den anderen wichtig ist, so zu sein, und dass nicht die eigene Unfähigkeit, sich zu bilden oder weiterzuentwickeln, der Grund dafür ist. Selbst ich habe bis heute eine gesunde Naivität. Sie hilft immer dann, wenn es wichtig ist, in Situationen zu kommen, in die ich sonst nie geraten wäre, weil es im Nachhinein sehr gefährlich gewirkt hätte. Doch dadurch habe ich einmalige und schöne Erfahrungen gemacht, besonders in der Zeit meines spirituellen Weges. Folglich solltest du dich nach Möglichkeit zurückhalten, wenn du dich überlegen fühlst, denn dieser Mensch möchte und muss so sein. Widmen wir uns nun der ersten Art der Intelligenz. In dem ersten Leben hier auf Erden werden wir konfrontiert mit dem Kopf als einziger Lernquelle. Hier ist zu beachten, dass wir sehr eingeschränkt sind. Wir haben hier viel Potenzial, was das einfache Denken und Lernen betrifft. Alles wird durch Wiederholung leichter, man entwickelt Vertrauen und gewinnt dadurch Routine. Diese erste Art der Intelligenz ist zu vergleichen mit eine Wasserflasche, denn nur was in dieser ist, kann umgesetzt und genutzt werden. In diesem Bereich kann man viele Arten unserer Materie kennenlernen. Wir können studieren und uns vielen Bereichen widmen, die keine allzu großen spontanen Erlebnisse hervorbringen. Denn in dieser Art fällt es jedem schwer, außerhalb des Gelernten zu agieren.. Man wirkt meist sehr statisch in diesem Moment des Außergewöhnlichen. Wenn man in den Bereich ist, den man kennt und gelernt hat, dann wirkt man sicher und durchaus lebendig. Zu vergleichen ist das mit einer Kraft an der Kasse. Sie hat alles gelernt, was den Kassiervorgang betrifft. Sie tippt schnell oder scannt ein. Alles läuft so, wie gelernt. Dann ertönt bei einem Artikel ein vorher nie gehörter Ton und der Artikel wird nicht gefunden. Das hat die Kraft, die erst neu dabei ist, so noch nie erlebt und ist sofort verunsichert und gleichzeitig hilflos. Sie wird wahrscheinlich noch ein paar Mal ohne Erfolg versuchen, den Artikel erneut einzugeben. Dann wird sie Hilfe suchen, um das zu lösen. Sie wird nicht versuchen, das Problem alleine zu lösen, weil sie Angst haben wird, etwas falsch zu machen.

In dieser ersten Art der Intelligenz werden meist Berufe gelernt, die einen genauen Ablauf haben und in einem System zusammengefügt sind. Auch der Anwalt wird hier vertreten sein. Denn er hat seine Gesetzbücher, in denen er nachlesen kann. Schwierig wird es dann, wenn nichts eine Routine hat und sich immer wieder alles ändert. Dann ist das Chaos vorprogrammiert und derjenige fühlt sich verloren und hilflos, weil ihm die Flexibilität fehlt. Hier sei folgendes erwähnt wer auf dieser Art in seinem Beruf gut ist, hat es im privaten bzw. im zwischenmenschlichen Bereich schwer. Denn er hat sich so viel Fachwissen trocken angeeignet, dass seine emotionale Seite verhungert und verarmt ist, weil er viel Zeit aufwenden musste, um zu lernen. Er wirkt dann außerhalb seines Wirkungsbereichs eher hilflos.

Kommen wir nun zur zweiten Art der Intelligenz. Sie beinhaltet alles, was den ersten Teil beinhaltet. Allerdings hat sie nicht nur den Kopf, sondern zusätzlich die Intuition zur Hilfe. Die Intuition bewirkt, dass die Flasche als Vergleich der ersten Intelligenz gesprengt wird und als eine Art kleine Pfütze oder auch See als Potenzial bereitsteht. Sie erweitert also das Ganze und hat nicht so viele Grenzen wie die erste Intelligenz. Hier liegt der Vorteil darin, dass dieser Grad der Intelligenz sehr flexibel ist. Er kann aus einem größeren Radius schneller agieren als der Erste. Die Menschen mit diesem Potenzial fühlen sich oft überlegen und sind meist ungeduldig. Sie können alle Berufe erlernen, die sie möchten. In allen Bereichen sind sie zu finden. Man erkennt sie auch oft daran, dass sie „ohne Punkt und Komma" reden. Das liegt daran, dass sie wenig Empathie haben und nur sie selbst der Mittelpunkt sind. Du kennst das doch bestimmt, wenn du zum Bäcker gehst oder an der Tankstelle bist. Egal, ob viel oder gar nichts los ist, die Verkäufer fertigen einen immer schnell ab mit auswendig gelernten Sätzen. Hier bekommt man oft das Gefühl, nicht erwünscht zu sein oder als Person nicht wahrgenommen zu werden. Dazu ist zu sagen, dass solche Menschen ihren Beruf sehr lange machen und das Gefühl für den Menschen auf der Strecke bleibt, weil sie sich nur auf den Kassiervorgang konzentrieren, was also nicht persönlich gemeint ist. Doch Schmunzeln ist erlaubt, wenn wir in einen leeren Verkaufsraum hineinkommen und mit ruhiger Stimme sagen, was wir wollen, und dann das Einpacken sowie der Kassiervorgang in ein paar kurzen Momenten erledigt ist, dann wird anschließend gesagt: "Das macht dann so viel."oder „Darf es noch etwas sein?" Dann steht nicht der Kunde im Mittelpunkt, sondern das oberflächliche Abfertigen bzw. die Automatismen. Wenn diese zwei verschiedenen Arten der Intelligenz (die Erste und diese) sich im gleichen Beruf gegenüber stehen ist diese Art der Intelligenz der vorher erwähnten überlegen und man wird den anderen in der Karriere oft überholen. Er kann schneller lernen und von sich aus gegenüber dem anderen besser argumentieren da ihm die Intuition mehr Wahlmöglichkeiten lässt.

Nun kommen wir zur dritten und größten Intelligenz. Es ist die Intuition, die der Hilfe oder des Einflusses des Kopfes nicht bedarf. Die Intuition ist vergleichbar mit einem Meer. Sie beinhaltet alles Wissen, ohne es lernen zu müssen. Sie beinhaltet keine Grenzen. Diese Art des Wissens besitzen nur wenige

Menschen. Sie haben gelernt, in ihrer Mitte zu sein, und nehmen alles intuitiv wahr. Meist erleben wir solche Menschen als zurückgezogen und sehr zurückhaltend. Sie drängen nicht nach vorne. Auch haben sie oft keinen normalen Beruf. Sie sind Menschen, die nach der Schöpfung suchen und nach dem eigentlichen Sinn im Leben. Sie haben in ihrer Seele fast alle Energien der Erde durchlebt und fangen an, bescheidener zu werden, oder sind es bereits. Oft sind sie sehr herzlich und klar. Wir haben von unseren Eltern gelernt, dass wir erst den Kopf einschalten und dann reden oder handeln sollten. Dies ist aber eine Fehlprogrammierung. Denn, wenn wir erst den Kopf benutzen, dann laufen wir oft in die falsche Richtung und bemerken erst viel zu spät, dass es der falsche Beruf, Weg oder Partner ist. Umgekehrt ist es aber der richtige Weg. Denn, wenn ich eine Idee aus meiner Intuition bekomme, dann ist das rein und richtig und gehört zu mir. Erst jetzt kommt der Kopf zum Einsatz, um alles umzusetzen. Im Kapitel "Deine Intuition" ist alles noch einmal intensiv beschrieben. Ich vergleiche diese drei Arten der Intelligenz immer gerne mit einem Quiz. Alle drei bekommen die gleiche Frage und vier Antwortmöglichkeiten. Der Erste wird die Frage nur beantworten können, wenn er die Antwort gelernt hat. Hat er sie nicht gelernt, dann muss er passen oder raten. Der Zweite hingegen hat eine größere Chance, die Frage zu beantworten. Falls er die Antwort nicht gelernt hat oder Sie nicht weiß, dann ist er in der Lage, gegebenenfalls andere Antworten auszuschließen, und kann somit die Antwortmöglichkeiten zumindest eingrenzen. Denn seine Intuition sagt ihm auch, was nicht möglich ist oder sein kann. Aber auch er muss am Ende entweder raten oder er kann so viel ausschließen, dass er die Antwort daraus erkennt. Nehmen wir den Dritten. Er hat es einfach. Wahrscheinlich wird er sagen, dass er die Antwort nicht kennt, aber er spürt, dass es nur die eine Antwort sein kann. Die Intuition muss nichts lernen, sie weiß es einfach, weil sie über das Wissen der Erde hinausgeht.

Träume als Sprache und Erkenntnis

Träume sind wertvolle Wegbegleiter. Sie sind auch das Sprachrohr deiner Seele und deiner Gefühlswelt. Wenn du Träume erlebst, die ungewöhnlich oder nicht real wirken, dann achte darauf, ob du im Traum Gefühle erlebst. Wenn dem so ist, dann hast du diese erlebten Gefühle höchstwahrscheinlich und deren Erlebnisse, im Traum verarbeitet. Wundere dich nicht, wenn du diese Erlebnisse nicht einordnen kannst, denn in der Realität ist es nicht möglich ein Gefühl zu 100% zu erleben und zu erkennen. So filtert der Kopf sehr viel. Wir erleben unsere Gefühle oft nur zur Hälfte bewusst. Die andere Hälfte ist dann nicht greifbar für uns. Verarbeiten heißt, dass wir dieses Gefühl im Ganzen kennengelernt und losgelassen haben. Also denke über diese Träume nicht zu viel oder besser gar nicht mehr nach. Sei gewiss, nun etwas leichter im Inneren geworden zu sein, und freue dich. Nun kommen wir zu klaren Träumen. Diese lassen uns erkennen, was in der Zukunft kommen wird, aber auch wie man bestimmte Aufgaben oder Personen sehen sollte. Beim Erleben dieser Träume ist man wach im Schlaf, um klar zu sehen. Diese beinhalten keine eigenen Gefühle, sondern es ist so, als würden wir uns selbst wie im Kino beobachten, was sehr sehr real wirkt. So hast du vielleicht gegrübelt, warum sich eine bestimmte Person so merkwürdig gegenüber dir verhalten hat. So kann dir nur ein klarer Traum zeigen, was wirklich Ist und war. Dein Klarzentrum antwortet hier sozusagen (siehe Kapitel) im Schlaf. Es gibt dir Klarheit über das, was dir Gedanken bereitet hat. Nimm diese Antworten als wahrhaftig an. Klarträume erkennst du auch daran, dass du beim Aufwachen noch alles klar weißt, als ob du gerade Fernsehen geschaut hast. Zum Schluss möchte ich auf Hinweise, aber auch auf Warnungen im Traum eingehen. Das Erleben von Warnträumen bedeutet, dass wir Gefahr laufen, einen falschen Weg zu gehen oder an einer Person oder Sache falsch oder unnötig festzuhalten. Sie können uns auch Fragen stellen, die uns auf etwas Ungeschaffenes hinweisen möchten. So solltest du immer genau darauf achten, was man dir mitteilt. Diese Träume sind oft ohne eigene Gefühle. So kannst du von jemandem träumen, den du gar nicht selbst kennengelernt hast, aber aus dem Fernsehen oder woanders her kennst. Dann schaue, was du mit der Person verbindest. Ist das eine Person des Humors zum Beispiel, dann weist man dich darauf hin, einmal wieder zu lachen und fröhlich zu sein. Wenn du dich zu einseitig oder zu viel mit einer Sache beschäftigst, dann kann es sein, dass man im Traum versucht, dich zu erreichen. So bist du vielleicht im Traum in deiner Lieblingsserie, spielst dort mit oder beobachtest. Achte beim Aufwachen darauf, was für eine Rolle du gespielt hast und was dir gesagt wurde. Wie sah es dort aus? Alles kann dir einen Hinweis geben, um zu warnen oder aufmerksam zu machen.

Unsere Wege in der Energie der Erde

Wir gehen in unserem Leben viele Wege. Der Beginn aller neuen Wege ist mit einer Geburt zu vergleichen. So wie bei der Geburt brauchen wir bei neuen Wegen und Eindrücken Hilfe und Unterstützung, um den Einstieg zu meistern. Oft fängt es mit Interesse an und dem Informieren, dann kommt weiteres Interesse auf und wir gehen noch tiefer in die Materie. Wir machen eventuell ein Praktikum und entscheiden dann, ob es weitergeht. Auch hier benötigen wir noch viel Hilfe, denn ohne Ausbildungsstätte oder ein Studium kommen wir nicht weiter. Also geht es weiter, so wie sich ein Baby entwickelt. Als Baby sind die Eltern prägend für uns. So ist auch ein Ausbildungsbetrieb oder ein Lektor prägend in dieser Energie. Es kann sein, dass man sich kaum weiterentwickelt nach dem Studium oder der Ausbildung. Denn gerade am Anfang einer Energie ist alles noch sehr schwierig und unsicher. Da kommt einem jede weitere Hürde als große Herausforderung vor. Natürlich sprechen wir hier vom absoluten Neuland im Energieband. Wenn wir bestimmte Erfahrungen schon gemacht haben, die uns in dieser Energie helfen, dann ist es schon leichter und wir kommen auch schneller voran. Doch hier möchte ich aufzeigen, wie mühselig aller Anfang einer neuen Energie ist. Oft werden wir gerade am Anfang alles mit mit den Worten "Ich muss ja." begehen, weil wir uns Sicherheit erarbeiten wollen. Natürlich kann es sein, dass wir nach der Ausbildung oder dem Studium doch noch einen anderen Weg einschlagen und nur diese Erfahrung mitnehmen wollten. Doch wenn unsere Seele erst einmal diesen Weg gewählt hat, dann wird sie diesen Weg auch zu Ende gehen. Für die Seele ist nicht entscheidend, in wie vielen Abschnitten oder Leben sie es tut. Sie weiß, dass sie diese Wege und deren Energie benötigt. Das erste Drittel dieses Energiebandes ist wie das Besteigen eines Berges. Jeder Schritt muss überlegt sein und erfordert all unsere Aufmerksamkeit. Doch nachdem das erste Drittel, obwohl wir uns immer noch in der Aufstiegsphase befinden, durch gelernte Routine und die dadurch gewonnene Sicherheit geschafft ist, wird alles etwas leichter für uns. Hier fühlt man sich schon wohler. Wir haben hier die ersten wichtigen Hürden genommen. Nun haben wir vielmehr Selbstvertrauen in unserem beruflichen Tun. Vor uns liegt nun das zweite Drittel. Wir befinden uns immer noch beim Aufsteigen eines Berges. Dieses zweite Drittel führt uns zur Bergspitze hinauf und dann auf der anderen Seite wieder etwas herunter, bis wir sozusagen gegenüber dem Ende des ersten Drittels stehen, aber auf der anderen Seite, die uns wieder hinabsteigen lässt. In diesem Drittel sind wir sozusagen auf dem Weg nach oben, denn nun können wir die Bergspitze schon sehen. Hier lernen wir weiter. Wir gehen jetzt tiefer in die Materie und arbeiten uns durch mehr Wissen nach vorne. Auch hier sind die weiteren Schritte erstmal mühselig, aber gleichzeitig auch spannend, da wir jetzt Möglichkeiten entdecken, die uns vieles erleichtern. Wir entdecken hier eine Vielzahl von Wegen, um unsere Ziele zu erreichen. Jetzt wird es wie ein Abenteuer, das wir erleben. Am Anfang des ersten Drittels war es wie ein Überlebenskampf und nun sind wir mittendrin in unserer Reise. Ganz viele neue Eindrücke erwarten uns nun und wir gehen erst vorsichtig und langsam voran, aber mit der Zeit werden unsere Abläufe und Denkfähigkeiten immer schneller. Wir befinden uns mitten im Dschungel, erleben neue Arten und erkunden sie. Das ist noch die Phase, in der wir zum

Berggipfel unterwegs sind. Da wir aber nun wissen, wie wir uns nach oben bewegen können, ist unsere Routine gleichzeitig unsere Sicherheit auf diesem Aufstieg zum Gipfel. Wir gehen immer tiefer hinein in die Energie der Erde und deren Materie, bis wir so viel erforscht und erfahren haben, dass wir nun aus dem Dschungel herauskommen, wir uns dort sehr gut auskennen und uns nun sicher bewegen und überleben können. Nun sind wir auf dem Gipfel angelangt. Wir haben uns sehr viel Wissen angeeignet und unser Kopf hat sich sozusagen vollgesogen mit dieser Energie und ihrem Inhalt und Wissen. Hier erleben wir ein großes Gefühl und Glückseligkeit. Wir erleben immer wieder Stufen, auf denen wir uns wertvoller und mächtiger fühlen. Ein Stehen und Leben auf dem Gipfel heißt, dass wir das Gefühl bekommen, dass es keine Grenzen gibt für uns und dass wir mächtig sind und weiter werden möchten. Dies gilt für Energie aller Art, auch im privaten Bereich. Hier kann ein Meisterkoch stehen, der gerade seinen ersten Stern geholt hat, oder ein Börsenbänker, der seine erste Million gemacht hat. Das Gefühl ist immer gleich, aber für denjenigen fühlt es sich sehr mächtig und wie Freiheit ohne Grenzen an. Von nun an wird man sich von Lehrern lossagen und wird zum ersten Mal selbst zum Schöpfer und Entdecker seiner Erfahrungen und Eindrücke aus dieser Sicht der Energie. Von hier aus sehen wir neue Energien, die uns anziehen und durch das Erworbene haben wir jetzt auch neue Möglichkeiten. Dadurch sehen wir die Menschen und die Erde mit ganz neuen Augen. Hier glauben wir, zu einer Spitze oder einer anderen Klasse anzugehören. Wir haben etwas geschafft und erreicht. Doch dürfen wir nicht vergessen, dass wir dann etwas geschafft haben mit viel Ausdauer, ständigem Lernen und fortwährender Weiterentwicklung. Wir haben dann viel Energie reingelegt, um diesen Gipfel zu erreichen, aber eben nur in dieser einzigen Energieform. Dort kennen wir uns nun aus und fühlen uns sicher, sogar oft anderen überlegen. So entstehen oft Eitelkeiten und Überheblichkeit. Doch, auch wenn man diesen Gipfel erreicht hat, ist man auf anderen Gebieten, die wir nicht kennen, Anfänger und dort unsicher. Abhängig davon, welchen Lehrer oder Ausbilder man hatte, werden wir jeweils geprägt sein, vom dessen Denken und Handeln. Jedes Extrem ist hier denkbar. So sind Wissenschaftler und Auszubildende einfacher Berufe sowie Studierte in dieser Energie gefangen und folgen diesem Berg der Erdenenergie. Am Gipfel angekommen, fühlt sich erst einmal alles gleich an. Natürlich wertet man seinen Beruf gegenüber dem anderen. Je nachdem, wie viel Zeit und Energie ich investiert habe, um zum Gipfel zu kommen, desto mehr kann man die Bodenhaftung oder auch Menschlichkeit und soziale Kontakte verlieren. Der Kopf ist unser Speicher in dieser Energie und je tiefer er hineingeht, desto heller wird er in seinem Tun, aber gleichzeitig verliert er Mitgefühl zu anderen.

So kann zum Beispiel ein Börsenspekulant in seinem Tun schon mehrmaliger

Millionär, ein mächtiger Mensch im Unternehmen und ein Ass auf seinem

Gebiet, aber gleichzeitig im zwischenmenschlichen Bereich wie ein Kind unreif

im Handeln, in der Liebe oder in Freundschaften sein. Je nachdem, wie oft die

Seele inkarniert und schon Erfahrungen in diesen Gebieten gesammelt hat, so

wird sie sich auch verhalten können. Denn in jeden erdenklichen Bereich im

zwischenmenschlichen oder erlernten Bereichen der Arbeit, in der wir lernen

und uns befinden, entspringt immer diesem Energieband und unterliegen deren

Gesetzen, wie hier beschrieben. Und je nachdem, wie weit man in der

jeweiligen Erfahrung und Energieebene ist, wird man sich verhalten, von dort

aus weitergehen und sich dementsprechend entwickeln. Alles folgt diesen

Gesetzen. Nun kommen wir zurück zum Gipfel. Am Gipfel angekommen zu sein,

heißt nicht, dass wir stehenbleiben, obwohl wir oft möchten, dass dieser Gipfel

für immer unser ist und wir denken, dass es nicht mehr weitergeht. Doch wir

werden nicht anhalten können. Denn die Energie der Erde ist immer in

Bewegung und zwingt uns weiterzugehen. Den Gipfel erreicht zu haben, heißt,

dass wir alles Erdenkliche gelernt und alle Ehrungen und Urkunden errungen

haben, die es gab. Von nun an werden wir zum eigenen Schöpfer und entwickeln neue Sachen, um uns abzuheben von anderen, die ebenfalls auf dem Gipfel stehen. Wir werden selbst zum Erfinder und Lehrer und bilden auch aus. Wir machen uns frei, entwickeln unser eigenes System und folgen unseren Erfahrungen und Wahrheiten. Wir wenden uns oft von dem Ursprung ab und erschaffen für uns eine eigene Welt in der Welt. Doch genau in diesen Entwicklungen gehen wir, ohne es zu bemerken, wieder den Gipfel hinab und zwar in dem Moment, in dem wir uns an all das Erreichte gewöhnt und alles gesehen haben, was wir vom Gipfel aus sehen können. Irgendwann ist es nichts Besonderes mehr und wir werden weiter getragen. Dies ist in jedem Lebensbereich so. Wenn die Seele zum Beispiel in vielen Leben die Mutter war, dann wird sie irgendwann keine Mutter mehr sein wollen, weil alles gelebt wurde und sie es nicht mehr braucht für ihre Entwicklung. War der Anfang als Mutter erst schwierig, sehr anstrengend und auf dem Gipfel das größte Gefühl überhaupt, ist dies am Ende des Berges immer unwichtiger. Wenn wir hinabsteigen vom Gipfel, dann ist es so, als wenn wir mittendrin im Leben sind und spüren, dass wir vieles gesehen und geschaffen haben. Nun trägt uns die Energie weiter und wir werden uns auch nicht mehr weiterentwickeln können in diesem Energieband, denn das haben wir alles schon auf dem Gipfel getan. Je nachdem, wie wir geprägt wurden, schauen wir auch vom Gipfel, aber das

Gefühl, dort oben zu stehen, ist gleich. Hier ist die Erdung sehr wichtig, denn je

weniger man sie hat, desto abgehobener wird man dort oben sein. Je mehr

Erdung man hat, desto leichter fällt der Abstieg von diesem Gipfel, ohne dass

es einem da schon bewusst ist. So lassen wir mehr Gelassenheit zu und

arbeiten wie gewohnt an unseren Energien. In dem Moment, in dem wir das

Gefühl haben, alles gesehen zu haben und uns nicht mehr beweisen zu wollen,

erkennen wir, dass viele Dinge die einmal wichtig waren, nicht mehr so wichtig

sind. Zum Beispiel das Geld verdienen dabei. Dann sind wir am Ende des

zweiten Drittels des Berges angekommen. Wir schauen nicht mehr nach oben,

sondern weiter nach unten. Das letzte Drittel liegt nun vor uns und wir

verspüren immer weniger Antrieb und Lust auf diesem Weg und werden immer

müder von all dem Ganzen. Wir werden ein gewisses Leistungsniveau nicht

mehr erreichen. Dies hat nichts mit dem Alter zutun, sondern mit der Ebene

dieser Energie. Nur der Kopf möchte oft zurück zum Gipfel, aber es gibt keinen

Weg zurück. Das letzte Drittel ist wie das Gehen eines gewohnten Weges, bis

wir keine Lust und Motivation mehr spüren, weiterzugehen. Alle Energien, die

es auf diesem Weg gab, sind aufgebraucht und leer. Das Ende ist dann genauso

schwierig wie der Anfang, denn alles erscheint doppelt so mühselig und macht

keine Freude. Auch hier denken wir oft, dass wir es tun müssen, und so wird alles wieder hinter sich gelassen und wir nehmen unsere Erfahrungen mit. Das

Ende ist dann wie das eigene Sterben so wie die Geburt und die Entwicklung

zum Erwachsenen bis zum Todestag als Mensch, ist dieses Band der Energien

der Erde zu verstehen. Und so ist es in jedem erdenklichen Bereich. Darum sind

wir alle so unterschiedlich in der Entwicklung und nur das, was wir kennen und

gelernt haben, werden wir weitergeben können. Alles andere bleibt uns erst

einmal fremd und unbekannt. Wenn du also einmal jemanden begegnest, der

überheblich ist oder dich gar für einen minderwertigen Menschen hält, dann

denke daran, dass er oder sie es nicht besser weiß und es noch nicht gelernt

hat. Hier solltest du immer deiner Intuition folgen und danach handeln. Doch

dieser Weg bis zum Gipfel des Berges hinauf und wieder hinunter ist nur in

mehreren Inkarnationen und Leben möglich. Doch die Seele setzt immer dort

an, wo sie aufgehört hat, und sie kann auch nicht anders, als dort anzusetzen,

wo sie aufgehört hat. Denn die Seele kann loslassen, aber der Kopf hat damit

Schwierigkeiten. Darum ist es für die Seele einfacher, in einem anderen Leben

weiterzugehen, da der menschliche Geist dann ohne das Wissen aus dem

Vorleben ist. Denn, wenn wir auf dem Gipfel waren, dann will der Kopf für

immer da bleiben, auch wenn es nicht möglich ist, weil alles vergänglich ist.

Denn wie würden wir uns aufführen, wenn wir wüssten, dass wir einmal

Herrscher eines Landes waren. Wir würden nur darüber nachdenken und nicht vorangehen können. Eine Seele kennt keine Eitelkeiten, aber sie lernt sie durch die Energie der Erde kennen und lernt dadurch zu verstehen, warum man sich in der Eitelkeit so verhält. So kannst du jemanden, der eitel ist, gut verstehen und mit allem richtig umgehen. Ein anderer wiederum, der das nicht kennengelernt hat, wird sich wundern, sich gar aufregen oder sich an ihm belustigen, weil er es nicht kennt.

Von der Geburt bis zum Kindsein

Schon vor der Geburt, also im Mutterleib, wächst der menschliche Geist. Dieser menschliche Geist ist unser Verstand und ist als Baby nicht sehr stark ausgeprägt. Viele glauben, dass das Baby oder wir selbst als Baby nicht viel mitbekommen. Doch hier irrt man, denn der Verstand behält zwar nicht viel, aber ohne großen Verstand ist das Unterbewusstsein und Bewusstsein ohne Schutz und nimmt alles wahr, was um uns herum ist. In dieser Phase ist man der Beobachter mit allen Sinnen. So kann eine Person, obwohl sie ärgerlich oder besorgt ist, mit einem Lächeln auf das Baby zugehen, aber das Baby nimmt ihre wahren Gefühlszustände auf und ist von ihrem Lächeln verwirrt. Dies kann, wenn du alles zu sehr überspielst, zum Erlernen eines falschen Musters führen. Je weniger Verstand da ist, desto mehr nehmen wir wahr.

Versuche immer authentisch zu sein und überspiele nichts, sondern konzentriere dich im freundlichen und ehrlichen Umgang auf deinen Zustand. Dadurch lernt das Baby, dass es seine wahren Gefühle nicht verbergen muss, und bleibt dadurch offen und neugierig. Als Kind ist der Verstand noch nicht so stark ausgeprägt und man nimmt in dieser Phase seine eigenen Gefühle und Ängste um ein erhöhtes Maß wie als Erwachsener wahr. So kann für ein Kind die Angst vor einer Ameise erheblichen Schaden anrichten, wenn wir damit nicht eindeutig und umfassend und klärend damit umgehen. Angst lähmt und ein Kind erfährt solche Angstgefühle fast im vollem Umfang mit und das unabhängig von der Situation. Ängste können sich sehr schnell einprägen und uns dadurch einengen. Viele lachen ihre Kinder aus oder nehmen sie nicht ernst, weil es für sie selbst harmlos erscheint, aber hier ist es nicht hilfreich, was wir selbst dabei wahrnehmen, sondern man sollte erkennen, was ein Kind gerade erlebt. Je stärker sein Verstand ist, desto weniger spürt es seine Ängste, da sein Verstand wie ein Filter ist. Optimal wäre es, wenn du dem Kind erklärst, warum seine Ängste unnötig sind. Angst ist oft Unwissenheit und Unsicherheit. Versuche nicht, sofort auf die Ängste deines Kindes einzugehen, sondern erkläre ihm, was da gerade passiert und welche Sichtweise es haben sollte, denn dann bleibt es in der Situation und dann können sich die Ängste durch diese Klarheit verringern. Wenn du sofort versuchst, dein Kind zu schützen, indem du ihm unbewusst zeigst, dass die Angst berechtigt ist, dann bleibt es nicht in der Situation und kann somit die Angst nicht richtig kanalisieren.

Grenzen austesten

Überall auf der gesamten Welt finden Wettbewerbe statt. Viele investieren viel Zeit und Mühe, um ihre eigenen Grenzen auszureizen, um erfolgreich zu sein. Sie quälen sich und sind selten nett oder gar liebevoll mit sich und zu anderen in ihrer Umgebung. Sie sind in der Energie des sportlichen Bereichs oder der eigenen Herausforderungen unterwegs. Sinn des Ganzen ist es zu erkennen, dass es körperliche Grenzen gibt, aber die Energie der Erde um ein hohes Maß mehr Möglichkeiten aufweist als der Körper. Wenn wir erkennen, dass uns diese körperlichen Grenzen nicht reichen, wird der Kopf und unser Geist darin müde und ausgelaugt sein. Da er viel Zeit, Energie und Entbehrungen investiert hat. Doch der Lohn dafür war oft ein kurzer Augenblick des Sieges und der Unverwundbarkeit. Doch die Energie dreht sich ständig weiter. Der Körper von einst wird überholt von dem Körper von morgen. Dies ist im Einzelnen der Verlauf des Sportlers, Wettkämpfers und der Herausforderungen des Mutes. Jedes noch so großes Gefühl, was wir dort verdient haben, wird verblassen, aber jeder einzelne, der es erlebt, wird im Geiste immer wieder dorthin schauen, es als die beste Zeit sehen und dort oft wieder hinwollen. Dadurch wird das Hier und Jetzt klein gemacht und wir verlieren uns im ihm. Diejenigen, die an der absoluten Spitze sind und waren, haben an der Grenze ihrer Energie gelebt, aber dennoch weit weg von den eigentlichen Grenzen des Ganzen. Ein Beispiel dafür ist, als wäre man im heißesten Gebiet der Erde und würde bis zum kältesten Punkt wandern. Man wandert stets in Extremen. Man wandert von Ja zu Nein. Doch irgendwann geht ein Extrem nicht mehr, da der menschliche Geist begrenzt ist. Und wenn eine innere Stimme dir sagt „Das kann nicht alles sein.", dann spricht deine Seele direkt mit dir und nur durch die göttliche Wahrheit und gleichzeitiges Loslassen des Geistes werden viele Grenzen verschwinden. Doch du wirst nach und nach aufhören, nach körperlichen Grenzen zu forschen, da du nun immer mehr in deine Mitte kommst und zufrieden bist mit dem, was ist. Das, was war ist nicht mehr entscheidend für deinen Erfolg. Für den Spirituellen bedeutet die Mitte, zu Hause zu sein. Für den Sportlichen und Herausforderer des Mutes bedeutet die Mitte viel Potenzial, um sich zu verbessern und zu steigern.

Kontinente als Wahrheit verstehen

Wenn wir die Welt als chaotisch und ungerecht wahrnehmen, dann sollte dir klar werden, dass alles doch geordneter ist, als wir selbst es erkennen oder begreifen können. Alle Menschen aller Kontinente und gar ihren Regionen leben in einer übergeordneten Lebensenergie und folgen ihren Gesetze. Überall haben sich sogenannte Seelengruppen gebildet und alle lernen gemeinsam. Sie alle werden mit ihrer Lebensprägung geboren und haben es freiwillig entschieden. Die einzelnen Kontinente sind der Energie der jeweiligen Umgebung unterworfen und die Seelen wissen, was sie erwartet. Es ist ihnen bewusst, welche Auswirkungen die Natur, die Menschen und Diktaturen, die sie erfahren, auf sie haben werden. Der Blick unserer Seele ist zu vergleichen mit unserem Blick in einen Schuhkarton, der bunte Nähfäden enthält. Es ist übersichtlich und jede feste Energie ist fein stofflich und farblich. Für die Seele ist die feine, stoffliche Energie die Form, aus der die Erde sich entwickelt. Sie folgt der Energie, aus der sie sich entwickeln kann, und urteilt nicht ob etwas schlecht oder gut ist.

Gott ist dein Richter

Als ich früher diesen Satz gehört habe, hatte ich nach genauer Betrachtung ein ungutes Gefühl, denn wie würde das Urteil aussehen? Heute weiß ich, dass der Satz zwar etwas Wahres hat, aber man ihn nicht richtig versteht. Denn wir sind die Schöpfung im Menschengewand, aber der Ursprung von uns ist göttlich. Wenn wir alles noch einmal betrachten, dann ist es nicht Gott, der über uns richtet, sondern wir sind die, die über uns und andere urteilen als Menschen. Urteilen heißt, das Ursprüngliche zu teilen. Wir urteilen, weil das Große und Ganze sich für uns nicht erschließt oder wir es nicht erkennen können. Hier agieren die Gefühle und unsere eigene Prägung als Mensch und äußern sich darüber. Je mehr wir gelernt und erlebt haben, desto weniger urteilen wir. Das, was wir verurteilen, können wir bzw. unsere Gefühle nicht verstehen. Dies haben wir noch nicht kennengelernt. Wenn es heißt, das man nicht sozial ist, dann sagt man, das man nicht versteht, warum man so ist oder geworden ist. Im Urteil stecken also auch immer Fragen unserer Gefühlswelt. Falls du dies bemerkst, dann höre genau zu, was für Fragen in dir sind. So kannst du diese Fragen abgeben und dein Klarfühlzentrum (siehe Kapitel) erfragen, um Antworten zu bekommen. Wenn die Antwort sich dir erschließt, wirst du diesen Menschen anders betrachten können und wieder ein Stückchen leichter im

Gefühl dadurch. Wenn man etwas nicht verstehen will, heißt dies, sich nicht entwickeln oder verändern zu wollen. Ich und mein Gefühl verharren starr in sich.

Das Vorleben, die Fortsetzung und das Karma

An dieser Stelle möchte ich euch einen Einblick geben, wie die Seelen alles speichern, was nicht vollendet ist, und dann, egal wie lange es her ist, alles neu aufgewühlt wird, wenn der Zeitpunkt gekommen ist, um die Geschichte und Erlebnisse, die einmal waren wieder zu erleben und damit weiterzugehen in der Geschichte. Es ist ein Erlebnis aus meinem eigenen Leben. Ich war gerade 14 Jahre alt, als ich auf dem Schulhof in der Pause, das Gefühl hatte, als wenn mich jemand an meiner linken Schulter leicht berührt. Ich schaute also in diese Richtung und erfasste eine Ansammlung von Jungen und Mädchen, die herumstanden und sich unterhielten. Da es weit entfernt war, erkannte ich so niemanden, den ich dort sah, aber mir fiel ein einzelnes Mädchen auf, das ich bisher weder gesehen noch gesprochen hatte. In diesem Moment passierte etwas in mir. Ich konnte meine Augen nicht mehr von ihr lassen. Sie war nicht außergewöhnlich gekleidet oder hatte andere Auffälligkeiten, die ich an ihr festmachen konnte. Sie war ein ganz normales Mädchen, das sich unterhielt. Doch von diesem Moment an war ich wie gefesselt. Gefühle überkamen mich, hielten mich im Bann und ich fokussierte ab diesem Zeitpunkt dieses einzelne Mädchen. Mir war nicht klar, was da mit mir passierte, aber von diesem Moment an war ich kein Kind mehr. Obwohl ich überhaupt keine Reife hatte, war meine Kindheit vorbei. Nach außen zeigte ich mich stark und unangreifbar, aber tatsächlich war ich sehr sensibel und verletzlich. Zu diesem Zeitpunkt hatte sie schon einen Freund und so versuchte ich auf meine Art, mit ihr in Kontakt zu treten. Doch durch meine Schüchternheit und meine Ängste, sie direkt anzusprechen, wurde alles sehr kompliziert. Ich schaffte es nicht, sie direkt anzusprechen und so verging ein Tag nach dem anderen. Es stellte sich eines Tages heraus, dass sie neben meinen Großeltern und anderen Verwandten direkt eine Haustür weiter wohnte. Bis dahin hatte ich sie dort noch nie gesehen, obwohl ich oft da war. Dann stellte sich heraus, dass wir sogar die gleiche Bushaltestelle, auf dem Weg zur Schule hatten. Jetzt fiel sie mir immer dort auf, wenn sie da war. Mit der Zeit gab es aber dann doch ganz leichte Kontakte und, da ich ja jetzt wusste, wo sie wohnte, war ich sehr oft bei meinen Verwandten zu Besuch, immer in der Hoffnung sie zu erspähen. Mir war nicht klar, was ich empfand, denn das waren ganz neue Gefühle für mich. Ich wollte, dass es ihr gut geht. Ich wollte mit ihr etwas Zeit verbringen und, wenn jemand etwas Unangebrachtes über sie sagte, dann verteidigte ich sie verbal.

Doch anscheinend war ihr Interesse an meiner Person ganz das Gegenteil zu dem von mir. Wir unterhielten uns zwar das eine oder andere Mal, aber sonst passierte rein gar nichts zwischen uns. Mir war mit der Zeit klar, dass dies „Liebe" sein musste, denn solche starken und gefesselten Gefühle, die so sorgenvoll zu ihr waren kannte ich bis dahin nicht. Auf sie zuzugehen und sie direkt anzusprechen, dies konnte ich nicht aus Angst vor einer Ablehnung.

Einmal hatte sie einen Freund, einmal hatte sie keinen, aber ich ließ alle Möglichkeiten aus, um mich ihr zu öffnen und alles auszusprechen, was ich für sie empfand. So kam es eines Tages - es waren ca. 2 Jahre vergangen -, da ging ich mit 16 Jahren in das ortseigenen Freizeitheim zur sogenannten Disco. Ich trat hinein und entdeckte, dass sie hinten rechts mit einer Freundin saß. Ich begrüßte sie mit einem leichten Lächeln, das sie erwiderte. Ich setzte mich aber ganz woanders hin, doch die Gefühle zu ihr hatten sich in den 2 Jahren nicht geändert. Sie waren immer noch sehr intensiv und fesselten mich. Bei einem Schwenk in die Runde hinein sah ich, dass sie zu mir schaute und danach ihrer Freundin etwas ins Ohr sagte. Danach sah ich, dass sie beide lachten. Ich nahm das sofort persönlich und dachte, dass sie über mich lachen, wurde wütend und ärgerlich und war gleichzeitig sehr verletzt. Ich war sehr aufgewühlt, blieb aber sitzen und war von dem Moment an beleidigt. Einige Zeit später kam ein Junge auf mich zu und sagte zu mir: „Ich soll dich von S. fragen, ob du mit ihr gehen

möchtest?" Hier sei ein Schmunzeln erlaubt für alle, die das so nicht kennen. Ja

so war das in den 80er Jahren:" Willst du mit mir gehen? Ja, nein, vielleicht:-)?"

Ja und S. war tatsächlich sie. In diesem Moment war ich immer noch wütend

und sagte ihm: „Nein möchte ich nicht". Er ging wieder und sagte ihr das. Als

er fort war, wurde ich noch wütender, weil ich dachte, dass sich jetzt alle über

mich lustig machten. Es sollte sich herausstellen, dass dies die einzige Chance

war, mit ihr zusammen zu sein. Doch als sie da war, konnte ich sie nicht

annehmen. Das war übrigens auch der einzige Moment, in dem ich so

aufgebracht ihr gegenüber war und ich „Nein" sagen konnte. Sie war wirklich

ein sehr nettes Mädchen und war nie unangebracht anderen Menschen

gegenüber, aber meine Gefühle deuteten dies in diesem Augenblick anders.

Was wäre gewesen, wenn ich auf sie zu gegangen wäre, als ich dieses

gemeinsame Lachen mit ihrer Freundin sah? Was wäre gewesen, wenn ich sie

direkt gefragt hätte, worüber sie denn lachen? Was wäre gewesen, wenn wir

dann gemeinsam hätten lachen können? Was wäre, wenn ich dann "Ja" gesagt

hätte? Aber wir haben ja gelernt, dass alles einen tieferen Grund hat und nichts

ohne das Wissen und die Absprache unserer Seelen geschieht. Was hilft, ist zu

verstehen, warum das so gelaufen ist. Auf dem Heimweg habe ich ihr zum ersten, aber auch zum letzten Mal im lautstarken Ton und mit einigem Abstand wütend vorgeworfen, dass sie sich lustig über mich machte und mich in Ruhe lassen soll. Natürlich verging auch dies wieder und wir konnten uns später wieder normal unterhalten. Dann schloss ich meine Schule ab und begann meine erste Lehre. Von da an waren die Begegnungen mit ihr sehr rar, aber meine Gefühle waren es nicht, doch ich lernte mit ihnen zu leben. Sie waren schon lange ein Teil von mir und prägten mein Leben mit. Ab und an begegnete ich ihr in einer Disco. Ich war meist angetrunken und sie hatte ihren Freund dabei. In diesen Augenblicken provozierte ich ihren Begleiter, aber sie beruhigte alles wieder und so kam es nie zu einem schlimmen Vorfall. Unsere vorletzte Begegnung war auch dort. Allerdings ging ich diesmal auf sie zu. Es war nicht geplant, aber ich merkte, dass ich ihr etwas sagen wollte. Ich sprach sie an und sagte, dass ich mich entschuldigen wollte. In dem Augenblick unterbrach sie mich und sagte mit ruhiger Stimme, dass es nichts gebe, wofür ich mich entschuldigen müsste. Ich setzte noch einmal an und wiederholte mich, aber auch diesmal unterbrach sie mich, und sagte noch einmal, dass es nichts gebe, wofür ich mich entschuldigen sollte. Ich verstand und akzeptierte dies, obwohl es mich schon wunderte. Wir unterhielten uns noch kurz, ich bedankte mich bei ihr und dann trennten sich unsere Wege. Danach war ich sehr erleichtert. Ich spürte, dass dies sehr wichtig für mich war. Ab dem Moment wurde es leichter für mich. Das waren 8 Jahre nach unserer ersten Begegnung. Erst sehr viele Jahre später kam es zum letzten Treffen. Nach meiner Arbeit fuhr ich noch mit meinem Auto zum Lebensmittelmarkt, um kurz etwas einzukaufen. Schnell fand ich eine leere Parklücke, stieg aus und war in kurzer Zeit wieder zurück. Ich schnallte mich an, setzte meine Brille auf und startete den Wagen. Als ich den Rückwärtsgang einlegte, bemerkte ich, dass der Wagen direkt neben mir anfing, sich zu bewegen. Ich schaute mich um und wartete, bis der Wagen zurücksetzte. Plötzlich bemerkte ich, dass sie der Führer des Wagens neben mir war und auch sie erblickte und erkannte mich sofort. Wir hoben beide unsere Hand zum Grüßen und lächelten uns dabei zu. Das war die letzte Begegnung, die aus heutiger Sicht ein geplanter Abschied unserer Seelen war. In der Zwischenzeit waren meine Gefühle zu ihr abgekühlt und es war ein schöner Moment mit Gänsehauteffekt. Zu diesem Zeitpunkt interessierte ich mich schon für Esoterik und ich konnte jetzt alles besser einordnen.

Sehr viele Jahre später, als ich mich mit diesem Buch beschäftigte und beim Wandern immer wieder neue Ideen und Kapitel aufschrieb, bekam ich auf einmal einen Geistesblitz zu unserer ersten Begegnung, die bis dahin 31 Jahre zurücklag. Man zeigte mir meine wahren Gefühle, die ich mitgenommen hatte aus einem Vorleben mit ihr. Alles kam aus meinem Klarfühlzentrum und meiner Intuition (siehe Kapitel zum Klar Erfühlen). Ich hatte ein schlechtes Gewissen ihr gegenüber. Ich wollte etwas gutmachen. Sehr starke Schuldgefühle hatte ich ihr gegenüber. Das waren meine Gefühle. Ich fragte im Inneren, warum ich diese Gefühle hatte. Die Antwort kam sofort und ich vernahm, dass aus einer Unachtsamkeit von mir heraus, ein geliebter Partner von ihr zu Tode kam im letzten gemeinsamen Leben. Dies war ein Unfall und sie gab mir nie die Schuld an dem Ganzen und verzieh mir meine Unachtsamkeit. Doch ich konnte mir nicht verzeihen. Ich hatte ein schlechtes Gewissen und ich konnte nicht verstehen, dass sie mir verziehen hatte, denn ich konnte es selbst nicht. Dies alles verstand ich nicht und so versuchte ich immer wieder alles gutzumachen. Dies nahm ich als unerledigte Aufgabe mit in diesem Leben. Es war also keine Liebe, es waren sorgenvolle Schuldgefühle. Doch sie hatte die Geschehnisse abgearbeitet und keine gemeinsame Aufgabe mit mir zu klären, denn sie hatte mir verziehen. Dann zeigte man mir noch einmal die Geschichte im Freizeitheim. Hier zeigte sich, dass die Seelen ein sehr kleines Zeitfenster geplant hatten, um zusammen zu sein, wenn ich bereit gewesen wäre. Doch das war ich nicht und so blieb sie ungenutzt, was im Nachhinein aber gut war. Dann wurde mir gezeigt, dass es gut wäre, ihr ein Kapitel zu widmen, damit die

Zusammenhänge und Erlebnisse vom Vorleben und ihre Fortsetzung im darauffolgendem Leben der Seelen klarer werden. Das Karma bestand darin, dass ich mir verzeihen sollte und zu akzeptieren hatte, dass sie mir verziehen hat. Man zeigte mir auch den geplanten Abschied unserer beiden Seelen in perfekter zeitlicher Harmonie. Damit schloss sich der Kreis und die Geschichte fand ein Ende. Hier sei noch einmal gesagt, dass ich einfach „Danke" sagen möchte, liebe S. „Danke dafür, dass du mir verziehen hast, das habe ich jetzt auch."

Das Geheimnis der Liebe zur Vollkommenheit

im göttlichen Licht

Die erste Art der Liebe ist die göttliche. Sie ist die reinste und der eigentliche Ursprung unserer Seele. Stelle dir ein weißes reines Licht vor, in das du hineinschaust und dich sehr wohl fühlst. Alles scheint rein und voller Liebe. Das ist die Umschreibung für unsere Vollkommenheit, in der wir einmal alle waren. Vollkommenheit heißt, dass wir in einem göttlichen Licht, umgeben von vielen anderen strahlten und alle hatten das gleiche Strahlen. Es gab und gibt im göttlichen Licht keinen Raum und keine Zeit wie hier auf Erden. Alles ist riesig und wir konnten uns alleine durch unsere Strahlkraft bewegen, ohne zu sprechen. Einfach mit Hilfe unserer Energie. Alles war rein und vollkommen. Wir waren ein Licht und alle waren gleich. Der Ursprung ist in Jahrtausenden nicht zu berechnen. Wir sprechen hier von der eigentlichen Ewigkeit, da nichts begrenzt ist und war. Das ist die Seinsform und entspricht unseren Ursprung.

Wie konnten wir unsere Vollkommenheit verlieren? Es war Neugier und wir wollten wissen, wer wir eigentlich sind und was es heißt, vollkommen zu sein. Da wir nur diese Form kannten, war uns alles andere fremd. Wir sprühten vor Liebe und strahlten hoch hinaus. Für uns waren alle gleich in ihrer Form und Reinheit. Wir liebten uns alle so, wie wir waren und sind.

Um uns zu erklären was wir waren und sind, erschuf das göttliche Licht die Erde mit einem einzigen Energieball. Er mag nicht größer gewesen sein als ein Golfball, aber mit ungeheuerlicher geballter Energie, die sich dann blitzartig, wie aus einem Vakuum heraus ausdehnte. Viele Milliarden Jahre und auch heute noch dehnt sich das Universum weiter aus. Die Erde und alles im Universum entsteht und entstand nicht zufällig, sondern sehr präzise. Auch wenn wir es nicht erkennen können, ist doch alles aus Energie. Der Mensch ist einerseits eine Schöpfung, aber auch eine Weiterentwicklung, je länger wir auf Erden lebten und leben. Allerdings erfolgte diese nicht so, wie viele vermuten würden, denn es war eine Entwicklung rückwärts von der Vollkommenheit bis zur Unvollkommenheit und dann sogar ohne Erinnerung an das ursprüngliche Licht, aus dem wir kamen. Wenn du vollkommen bist, dann siehst du alles im Blick der Liebe. Jeden wirst du lieben. Diese Liebe ist nicht wie die Liebe der Erde, sondern sie ist fein und leicht ja sogar leichter als eine Feder. Alles ist rein und du akzeptierst alle so, wie sie sind und zwar ohne Urteil. Du lässt jeden so, wie er oder sie ist. Mit dieser Vollkommenheit waren wir gesegnet und als wir als Mensch zum ersten Mal hier auf Erden waren, konnten wir alles klar erkennen, die Strukturen der Erde, den Menschen, die Kommunikationsmöglichkeiten. Alles war klar und deutlich. Dies ist vergleichbar damit, wenn man heutzutage alles noch schärfer sieht wie HD im TV. So

konnten wir die einzelnen Auren und Energieformen von der Natur bis zum

Menschen sehen. Wir sahen sogar, dass ein Stein aussah wie eine Wolke. Aber

wenn man ihn berührte, dann war der Stein fest und hart. Die Aura des

Menschen war klar und weiß und hatte eine hohe Schwingung. Auch hatten wir

Telepathie und konnten uns, ohne zu sprechen, verständigen. Ja das klingt für

den einen oder den anderen vielleicht gar unmöglich oder er denkt, alles sei

erfunden. Doch, wenn wir heutzutage hinsehen, dann haben vereinzelte

Personen diese Fähigkeiten und arbeiten damit sehr professionell. Wir waren

alle wie Kinder. Alle waren gleich und strahlten auch gleich. Wir sahen sogar die

Möglichkeiten und die Ressourcen, die auf Erden sind und waren, aber wir

begehrten nichts. Und so waren wir einfach nur neugierig, wie sich alles neu

und unbekannt anfühlte. Wir sahen und sehen durch den menschlichen Körper

wie durch eine Brille hindurch. Erst nach und nach wuchs mit der Seele ein

Geist bzw. der Verstand aus der Energie der Erde. Dieser Verstand nahm nach

und nach immer mehr Energie der Erde auf. Dadurch veränderte sich die Aura

jeder einzelnen Seele. Nun wurde aus Neugier Besitzanspruch. Da es ein

schleichender Prozess war, nahmen wir das nicht so schnell wahr, aber als wir

zurückkehrten zum göttlichen Licht, dann stellten wir fest, dass unsere göttliche

Ausstrahlung nicht mehr so hell war wie einst. Wir waren nicht mehr

vollkommen und so begann unsere Reise durch die Energie der Erde. Dies ist

natürlich sehr verkürzt dargestellt, aber so in etwa kannst du dir das vorstellen.

Uns wurde klar, dass wenn wir unsere Vollkommenheit wiederbekommen

möchten, ist es notwendig, alle Energien und Gefühle der Erde zu durchleben,

um am Ende alle Energien wieder abgeben zu können und sie somit der Erde

wieder zu überlassen. Wenn das geschafft ist dann wissen wir wer wir sind und

was es heißt, vollkommen zu sein.

Der weibliche Weg zur Männlichkeit und zurück zum Ursprung

Jede Seele entscheidet sich vorher, was sie als erstes Erleben möchte. Sie

entscheidet zuerst, ob sie der Energie der Männlichkeit oder die der

Weiblichkeit erleben möchte. Nachdem dies einmal entschieden worden ist,

geht sie in die jeweiligen Energie und erkundet sie in allem, was sie ihr anbietet

an Möglichkeiten und Ressourcen, die in ihr verweilen. So wird sie, einmal

entschieden erst einmal in jeder Reinkarnation, immer mit dieser einen Energie

und Form des Menschen fortfahren. Je mehr sie diese Energie erlebt, entwickelt

sie sich und wird immer dichter in dieser Form und sicherer im Umgang damit.

So fängt sie irgendwann an, neue Möglichkeiten im Außen zu suchen, um den

Übergang zur anderen Energie zu ermöglichen. Zum besseren Verständnis sei hier Folgendes erklärt: Unsere Seele hat vorher entschieden, ob sie die

männliche oder die weibliche Energie erleben möchte. Entscheidet sie sich für

die männliche, so wird sie anfangen, den menschlichen Körper mit allem, was

er beinhaltet, zu erforschen. So lernt sie die Rationalität des männlichen

kennen, testet körperliche Grenzen und alles, was greifbar und tastbar ist. So

testet sie erst einmal für sich durch hinsehen oder ausprobieren, was es heißt,

ein Mann in Form eines Menschen und in der Energie der Erde zu sein. Sie wird

nicht wechseln zwischen den einzelnen neuen Leben, die sie erleben möchte.

Sie wird erst alles, was möglich ist, dort erleben. Und erst dann wird sie einen

Übergang zur anderen Energie vollziehen, um auch dort alles zu erkunden, was

möglich ist. Der Übergang ist oft schleichend und fängt mit Interesse der

jeweiligen anderen Energieform an. So wird unentwegt weitergeforscht bis

beide Geschlechter mit allem was sie beinhaltet, erleuchtet wurde. Und so

gehen wir entweder von Weiblichkeit zur Männlichkeit oder umgekehrt vom

mannsein zum frausein sein und erleben uns und unsere Energie in ihrer Vielfalt

und Begrenzung. Wenn alles erforscht und erlebt wurde, wenden wir uns dem

Großen und Ganzen zu. Wir fühlen uns auf einmal wieder klein auf dieser Welt,

obwohl es einmal anders war. Wir erkennen, dass das Weibliche und die

Vereinigung mit der Männlichkeit uns im Menschen vereint, aber unser

Ursprung noch größer in uns strahlt. Dann gehen wir bewusst, für unserer

Seele aber unbewusst, für unseren Verstand zur erforschung unseres Ursprungs

und verlassen nach und nach den Einfluss dieser Energien. Denn es entspringt

nicht unserem ursprünglichen „Sein".

Die Hochzeit mit sich selbst

Im Laufe der Inkarnationen unserer Seele lernen wir auf unterschiedliche

Weisen. Am Anfang war unsere Seele vollkommen und erst nach einigen Leben

wuchs der geistige Verstand mit. Stelle dir das so vor: Ein Riese als

Vergleichsobjekt ist unser Ursprung und ein kleines Baby der anfängliche

Verstand. So war es für uns Leicht den menschlichen Verstand, der aus der

Energie der Erde entstanden ist, zu kontrollieren. Doch je mehr wir in die Tiefe

der Energien gelangt sind und gelangen werden, desto größer und erwachsener

wurde und wird der Verstand. So war es auf einmal so, dass wir immer kleiner

wurden, der Verstand aber immer stärker und uns dadurch sehr viel

beeinflussen kann und konnte. So wird irgendwann der Verstand immer größer,

überholt unseren Ursprung und übernimmt damit auch das Kommando. Nun ist

der Verstand ein Riese und unser Ursprung im Vergleich dazu ein Baby. Dies ist

so gewollt, weil wir uns dadurch zwar vom eigenen Ursprung entfernen, uns

ihm aber auch gleichzeitig wieder annähern. So ist dann der Weg immer steiniger und sehr erdgebunden und der Verstand sucht nach seiner eigenen

Energie und nach Sicherheit auf Erden. Alles, was nicht greifbar ist, ist nicht

mehr relevant. Er hört auf, zu glauben. Da aber die Energien der Erde immer in

Bewegung ist und nichts auf Dauer bleiben kann, wird der menschliche

Verstand eines tages müde und ohne großen Antrieb sein. Er wird anfangen,

nach dem Sinn zu forschen, ob es noch etwas anderes gibt nach dem ableben.

Dadurch bekommt unser Verstand neue Erkenntnisse und geht dann den Weg

der inneren Findung zu sich selbst. Je länger er dies tut, desto kleiner wird er

durch die göttliche Wahrheit wieder, weil er versteht. So kommt es dann dazu,

dass wir unseren Ursprung wieder freilegen können und wir wieder die

Kontrolle übernehmen. Nun suchen wir im Göttlichen unsere Sicherheit und

lösen uns immer mehr von den Einflüssen der Erde. Es wird einen Moment

geben, der sich anfühlt, als wenn zwei Stimmen in dir sind. Dies ist einmal der

menschliche Verstand und du selbst im Ursprung. Wenn du es so steuerst dass

alle Zweifel im Inneren ausgeräumt werden, und du einen guten Kontakt

erkennst, dann sind beide auf gleiche Höhe, also gleich groß. Sei stets ehrlich

und neutral und gib dem Verstand geistig die Hand. Je mehr du deiner Intuition

folgst, desto leichter werden die Entscheidungen sein. Der Verstand wird

anfangen, dir immer mehr zu vertrauen und wird dir, wenn der Zeitpunkt richtig ist, die Hand reichen. In dem Moment heiratest du dich selbst und verschmilzt nun zu einer Stimme. Dann wirst du in der Lage sein, endgültig zurückzukehren zu deinem Ursprung. Alle Zweifel sind verschwunden. Der Weg der eigentlichen Freiheit liegt nun vor dir.

Die bedingungslose Liebe

Sie ist leichter als eine Feder. Eine Feder fällt zu Boden, weil sie der Erdanziehung folgt. Sie wird gezwungen, zu Boden zu fallen, weil sie durch die Energie der Erde gezwungen ist, sich zu bewegen. Die bedingungslose Liebe ist im Vergleich dazu schwerelos und folgt keinen Gesetzen der Erde und ihrer Anziehung. Sie beeinflusst nicht, ist nicht in Bewegung und lässt alles so, wie es ist. Sie urteilt nicht und liebt alles genauso, wie es ist und wie der andere uns erscheint. Sie bindet sich nicht, sie ist frei und unabhängig. Sie entspringt unserem ursprünglichen Sein.

Das Reich der Esoterik

Die meisten von euch werden mir jetzt wahrscheinlich widersprechen, wenn ich sage, dass auch die Esoterik ins Reich der Erde gehört. Sie entspringt nicht aus unserem Ursprung. Die Menschen, die sich der Esoterik zugewandt haben, werden eher meinen, dass dies nicht so ist, weil es hier Energien und Möglichkeiten gibt, die nicht eine große Gemeinschaft innehaben und diejenigen schon auf dem Weg zurück zum Licht sind. Die anderen, deren Esoterik sie als seltsam und argwöhnisch ansehen und ihr so gegenüberstehen, werden es auch verneinen, weil es für sie nicht normal erscheint und sie den Eindruck gewonnen haben, dass das nur Spinner sind. Doch richtig ist, dass es gerade hier neue Möglichkeiten und Antworten in der Esoterik gibt. Hier werden wir mit ganz neuen Perspektiven konfrontiert und können uns neu erleben und entdecken. Auch ich habe dort viele Jahre im Reich der Esoterik verbracht. Ich habe vieles neu erlebt und fantastische Erlebnisse und Erkenntnisse gehabt. Ich war naiv und wissbegierig. Es war wie ein Abenteuer. Ich habe mich als Reiki-Meister und Lehrer ausbilden lassen. Ich habe mich ins Reich der Engel begeben und schließlich viele Jahre als spiritueller Lebensberater mit Herz, Empathie und Hellsichtigkeit gearbeitet. In dieser Zeit der Selbstständigkeit konnte ich endlich hingehen, wohin ich wollte bis ich eines Tages spürte, wie müde und ausgelaugt ich war. Ich war ein wenig erschrocken darüber, denn ich dachte da noch, dass es die Spitze des Eisberges wäre, in solch einem Beruf zu arbeiten. Doch hatte ich da schon gelernt, einfach die Tatsachen zu akzeptieren und sie stehen zu lassen. Also tat ich das. Und als ich mich daran gewöhnte, kam, als ich es nicht erwartet hatte, folgende Erkenntnis in mir hoch, die mir Folgendes zeigte: Sie zeigte mir den Begriff „Esoterik" und gleichzeitig eine sehr liebe Person, die ich einmal kennengelernt hatte, die ich auch als fast zu brav ansah, die fast unschuldig auf mich wirkte. Sie war auch immer auf Messen der Esoterik und verkaufte ihr eigenes Buch. Dann zeigte man mir einen Menschen, den ich kennengelernt hatte, der die Esoterik in ihrem düsteren Hexenkult lebte und eher der schwarzen Magie verfallen war. Mir wurde klar, dass auch hier die normalen Gesetze der Erde griffen und es wie in der Normalität sehr ruhige und auch sehr böswillige Menschen gibt und ich wenn ich möchte, aus der Esoterik herausgehen darf, weil es nichts mehr mit meinem spirituellen Weg zu tun haben wird. So war ich erleichtert und ging weiter meinen Weg und lies Sie hinter mir. Heute weiß ich, dass es für mich eine Zeit der Wahrheit war und ich endlich Antworten bekommen habe. Doch auch hier wirst du alle Arten der menschlichen Energien erfahren, die du auch in deinem beruflichen und familiären Umfeld sowie in Freundeskreisen hast. Und auch hier wirst du nichts festhalten können. Die Welt dreht sich weiter und zwar mit der Esoterik. Wenn ihr es schafft, euch gegenseitig zu respektieren in eurem Sein, dann findet ihr Frieden zueinander.

Der Glaube und die Religion

Wenn wir über den Glauben oder eine Religion nachdenken, dann sehen wir vielschichtige Möglichkeiten und viele Fragen vor uns. Alle Glaubensrichtungen und religiösen Gemeinden haben ihre Zweckmäßigkeit. Sie helfen, an etwas zu glauben, was vielen nicht greifbar erscheint. Auch hier sind wir den Energien der Erde ausgesetzt. Es gibt alle Bandbreiten von harmlos bis bescheiden sowie Ansichten, die dogmatisch und prunkvollen Ausmaßes sind. Da jeder seinen eigenen Weg hat, beansprucht er auch eigene Wege und Glaubenssätze. Dadurch suchen alle eine Art Sicherheit im Umgang mit dem Glauben, als Leitlinie für sich. Doch ist es egal, in welche Religion wir hineinschauen. Wir finden immer nur einen Teil der Wahrheit und alles hat seine eigene Begrenzung. Doch der wahre Glaube ist nicht der Erde entsprungen, beinhaltet nur Liebe und Vollkommenheit und hat keine Begrenzung, sondern ist im Vertrauen und strahlt immer gleich. Erst wenn wir uns dieser Begrenzung in allen Religionen bewusst werden und anfangen uns spirituell zu entwickeln, um unsere Gedanken freizumachen, dann werden wir die Grenzen der Erde

überwinden und den wahren Glauben erkennen und wahrnehmen.

Die Welt, die sich dreht

Wenn wir eins wissen sollten, dann ist es, dass die Erde und alle Energien in

und um sie herum in Bewegung sind und nichts stehenbleibt. Manches dreht

und bewegt sich schneller, als es das andere tut. Das ist gewiss. Wenn du

manchmal das Gefühl bekommst, dass nichts in deinem Leben voranschreitet,

dann bist du nicht im Fluss deines Lebens. Du bzw. dein Kopf und deine

Gefühle verharren, drehen sich im Fluss der Vergangenheit und lassen so das

Hier und Jetzt vergessen. Dadurch drehst du dich unbewusst gegen die

Erdenenergie und nimmst in der Realität nichts auf oder wahr. Wenn du das

kennst, dann beobachte deine Gedanken, schaue, was sie dir sagen, und löse

diese Gedanken, indem du alles zu verstehen lernst. Akzeptiere, was war und

was jetzt nicht mehr ist. Lies dazu das Kapitel "Gefühle im Kopf erleben".

Das Sterben und die Wiedergeburt

Um den tieferen Sinn vom Großen und Ganzen zu verstehen, sollte man

zwangsläufig an die eigene Wiedergeburt glauben. Unsere Seelen wollen zurück

zur Vollkommenheit und dies ist in einem ganzen Leben nicht möglich. Wenn

wir alles genau betrachten, dann ist die Welt voller Chaos und

Ungerechtigkeiten. Dem einen scheint es gut zu gehen und dem anderen fehlt

es an allem. Alle sind in unterschiedlichen Zuständen und alles scheint

willkürlich zu sein. Zum einem liegt das daran, dass alle den Gesetzen der Erde

folgen und sich immer alles weiterbewegt sowie ständigen Veränderungen

unterliegt. Das Sterben ist das Gesetz der Erde. Nichts bleibt auf Dauer im

gleichen Zustand. Und so ist es auch beim Menschen. Der Körper ist aus der

Energie der Erde entstanden und folgt daher auch dieser Energie. Das heißt,

dass sich alles verändert und sterblich ist. Unsere Seele entspringt nicht aus der

Erde und ist somit nicht sterblich. Sie stammt aus dem göttlichen Licht. Ein

Beweis für die Existenz der Seele wird an den unterschiedlichen Phasen

ersichtlich, in denen sich der Mensch jeweils befindet. Wie ist es sonst zu

verstehen, dass viele Menschen im gleichen Alter oft eine ganz unterschiedliche

Art der Reife haben, manche Kinder hochbegabt sind und manche eher

unterentwickelt? Man erkennt, wie der jeweilige Mensch die Dinge sieht und wie er mit Problemen im Leben umgeht. Man erkennt die Reife, wenn man sich

mit diesen Menschen unterhält oder auseinandersetzt. Seelen mit wenig

Lebenserfahrung stehen unter geringem Einfluss der Erde und der Gefühle. Die

unerfahrene Seele ist am Anfang ihrer Reise und lernt erst, mit dem Einfluss

der Erde zu arbeiten. Diese Seelen bzw. diese Menschen wirken oft nur nett,

ohne aufdringlich zu sein. Sie haben oft noch nicht den Sog der Energie in sich

und brauchen noch viel Hilfe in der eigenen Findung durch die Familie oder

auch durch den Bekanntenkreis. Diese Menschen begegnen oft anderen, die

übereifrig und ungeduldig sind. Anders verhält es sich mit der Seele, die sehr

viele Leben durchlebt hat. Sie hat schon sehr viel gesehen und erfahren. Sie hat

viele Gefühle durchlebt und wirkt oft ruhig und entspannt. Der Schirm des

Einflusses der Erdenenergie ist nicht mehr richtungsbestimmend. Diese Seelen

beschäftigen sich meist schon mit eher außergewöhnlichen Themenbereichen

und helfen anderen bei ihrer Entwicklung. Man spürt ihre Reife und

Entspannung und sie wirken beruhigend auf uns. Ab unserer Geburt entsteht

und wächst der menschliche Geist, also unser Verstand. Er entsteht aus der

Energie der Erde. Er wird immer neu geboren und stirbt nach dem Tod ab.

Dieser Geist hat immer nur Platz für ein Leben und ist ohne die Seele sehr

klein. Durch das Sterben stirbt auch das Bewusstsein für das Erlebte auf Erden.

Die Seele speichert im Unterbewusstsein die Gefühle und Ziele, um im nächsten Leben da weiterzumachen, wo sie aufgehört hat, oder sie parkt die Gefühle, um etwas ganz Neues zu beginnen. Sie entscheidet sich immer vorher, was sie erleben möchte, und nimmt dafür alles Nötige mit, um sich mit der Erdenenergie fortzubewegen. Nichts überlässt sie dem Zufall und alles ist genau geplant und in Absprache mit allen Seelen, denen sie begegnen wird. Der gute Sinn des Sterbens ist, dass alle bewussten Erlebnisse sich löschen und wir immer mit einem neuen menschlichen Verstand neu beginnen, aber im Unterbewusstsein jede angefangene Energie und Geschichte weitergehen können. Dadurch können wir alles durchleben. Nehmen wir einmal an, dass du verheiratet bist und auch Kinder hast. Du fühlst dich wohl und geborgen und liebst deine Familie. Jetzt nehmen wir an, dass deine Familie durch einen Unfall ums Leben kommt und zwar unschuldig durch einen Fahrer, der leichtsinnig im Verkehr war. Wir werden ihm die Schuld dafür geben, dass unsere Familie nicht mehr lebt. Die Gefühle können uns übermannen und Hass kann sich dem anderen gegenüber entwickeln. Durch dieses Wissen wird sich unser Verstand immer mehr vergraben und nie verzeihen können, wenn er es als absolut sinnlosen Tod ansieht, den ein anderer verursacht hat. Und so ist es mit allen schweren Ereignissen. Der Verstand wird dem anderen immer Vorwürfe machen und kann sich dadurch nicht weiterentwickeln. Wenn die Seelen sich in einem anderen Leben wieder begegnen, dann werden zwar die gleichen Gefühle wieder da sein oder sie entstehen mit der Zeit wieder, aber das Wissen, wo sie entstanden, ist weg und beeinflusst uns nicht mehr auf dem Weg den anderen zu verstehen und ihm zu vergeben. Das Sterben ist der natürliche Rhythmus der Erde und die Wiedergeburt eine Notwendigkeit unserer Entwicklung. Für den Verstand gilt, dass seine Heimat die Erde ist, er dort lebt und dann wieder stirbt. Für unsere Seelen gilt: Wenn sie geboren werden, dann gehen sie von Zuhause weg. Und wenn der Mensch stirbt, gehen sie wieder nach Hause.

Der Blick auf die Gefühle und die Liebe

Der Blick auf die Liebe in ihrer Vollkommenheit ist ein allumfassender und schließt dadurch alles mit ein. Es ist wie ein Blick von oben auf ein Stück Land. Man erkennt all das Schöne und weniger Schöne und sieht alles, was es ausmacht. Alle Strukturen und Grenzen sind sichtbar. Nichts bleibt bei diesem Blick verborgen. Von dem Moment an, in dem sich ein Gefühl dabei einschleicht, ist es so, als wenn wir herunterfahren und nicht mehr so viel sehen können wie davor. Je mehr Gefühle da sind, desto mehr Übersicht über das Stück Land verliert man. Nun stehen wir auf dem Land und können nur das wahrnehmen, was wir sehen aus dieser Perspektive. Berge stehen uns nun möglicherweise im Weg, um alles erkennen zu können. Also leben wir aus dieser Sicht so. Wir nehmen alle Energien und Ressourcen aus diesen Möglichkeiten und erleben uns dadurch. Wir laufen und können uns frei auf diesem Stück Land bewegen. Wenn jetzt ein möglicher Partner in Sicht ist, dann bringt er selbst uns ein Stück Land mit. Dadurch können wir uns noch freier bewegen und fühlen uns dann dementsprechend größer. Wenn sich beide Stücke zusammensetzen, dann geht man mit dem anderen eine Partnerschaft ein und baut auf dem eigenen Land ein neues Leben auf, da sich beide Grundstücke nun ergänzen. So kann durch die Gewinnung neuer Ressourcen Neues entstehen. So können wir fortfahren und immer tiefer hineingehen. Je mehr wir uns mit den anderen auf Erden Materialisieren, desto mehr Überblick verlieren wir über das Große und Ganze. Wenn wir dabei jetzt Angst und Eifersucht erleben, dann werden wir wie in eine Höhle hineingezogen und sind eingeengt von der Wahrheit und dem eigentlichen Blick. Steigern sich die Gefühle nun zu Hass, dann wird unser Kopf in den Sand gedrückt und wir sehen und erleben nichts mehr, sondern sind ohne echten Atem und können nicht mehr denken, da unsere Gefühle das Kommando haben. Je tiefer die Gefühle sind, desto eingeengter ist unser Blick zum Ganzen. Hass als Beispiel macht hier tatsächlich blind im Leben, weil man nichts erkennt und Angst hat

zu sterben.

Die Wege deines Lebens

Von der Geburt an sind wir unterwegs, um unsere Wege, die wir im letzten

Leben beschritten haben, weiterzugehen und neue zu entdecken. In jedem

Leben, in dem ihr seid, ist alles so gewollt und nichts ist zufällig. Du hast vor

der Inkarnation deine leiblichen Eltern ausgesucht bzw. deren Seelen. Wenn du

dich umsiehst in deinem Umfeld, dann kannst du erkennen, wie das letzte

Leben von dir in etwa gewesen sein müsste. Schon die Art, wie du geboren

wurdest, sagt dir, wie du gestorben bist davor. Nehmen wir an, du wirst in

einem Krankenhaus geboren und es war für deine Mutter eine normale schnelle

Geburt ohne Komplikationen. Alles lief auch im Vorfeld gut ab. Du kamst

gesund und munter auf diese Welt und warst eher ruhig und entspannt. Dann

kannst du davon ausgehen, dass du im Vorleben friedlich und ohne großes

Leiden eingeschlafen bist und nun bereit bist, ganz entspannt deinen Weg

fortzusetzen. Betrachten wir aber meine Geburt. Ich wurde unter Hinzunahme

der Hilfe eine Hebamme bei meiner Oma geboren. Die Geburt dauerte nicht

lange und ich wäre fast herunter gefallen. Ein ungewohnter Anblick erfasste die

Helferin. Die Nabelschnur umwickelte meinen Hals. Ich war blau angelaufen im

Gesicht und ohne Atem. Doch man schaffte es, dass ich anfing, zu atmen. Dann fiel auf, dass Blut am rechten Auge herauslief. Später stellte man fest, dass ich auf dem blutigen Auge nur noch ca. 10% Sehstärke habe und ich eingeengte Bronchien habe, wodurch ich nicht so viel Luft bekommen werde, wie es normal wäre. Doch in mir war immer ein starker Wille zu leben. Folgende Bilder und Botschaften wurden mir in meinem späteren Leben durch mein Klarfühlzentrum übermittelt: Ich starb im Vorleben in einem Moment, in dem ich nicht damit rechnete. Ich war noch voller Energie und Sterben war keine Option. Es war ein Leben voller Gefangenschaft und sehr unruhige Zeiten. Ich hatte mich im Krieg beweisen müssen und war nun in einer anderen Position. Dann in einer sehr unbedachten und friedlichen Situation wurde ich überrascht, mit einem Messer in den Rücken gestoßen und gleichzeitig noch erdrosselt. Das Ende war schnell und überraschend. Und deshalb war dann meine Geburt so, wie sie war. Der Messerstich, der die Lunge traf, die Nabelschnur als Symbol der Traktion und das blutige Auge als eine schon da gewesene Verletzung, die ich im Krieg erlitten hatte. Anscheinend war ich sehr jung, als ich in den Krieg verstrickt war, denn ich hatte noch keine allzu große Reife gehabt. Doch eins sei gewiss: Meine Seele wollte so sterben und brauchte das Ende für dieses Leben. Oft fragen wir uns, warum einige Babys oder Menschen so früh sterben. Das hat immer viele tiefe Gründe. Die Seele konnte etwas nicht abschließen, weil der menschliche Geist zu stark war. Dann entscheidet sie, nochmal kurz auf diese Welt zu kommen, um sterben zu können ohne die Macht des menschlichen Geistes. Oft fällt es uns schwer, uns zu lösen und unser Erlebtes zu vergessen oder aufzuarbeiten. Wir verfallen immer wieder in Erinnerungen an das, was war, und treten so auf der Stelle. Dann ist es besser, zu sterben und dann ohne diese Erinnerungen im nächsten Leben weiterzugehen. Es geht der Seele immer um eine Weiterentwicklung und neues Erleben, um zurückzukehren zur Vollkommenheit, wohingegen der menschliche Geist, der ab der Geburt mit der Seele verbunden ist und sich dementsprechend auch mit oder gegen das Ganze entwickelt, durchaus eine andere Meinung dazu hat. Alle Dinge um dich herum sind Hinweise auf deine Aufgaben und Lernfelder. Kein Mensch um dich herum ist ohne Grund. Jede Begegnung, sei sie angenehm oder nicht, ist nicht ohne Grund und hat immer eine Lernaufgabe im Gepäck. Wenn wir fröhlich sind und du fühlst dich gut, dann fällt es dir meist leicht, zu lernen. Ist hingegen alles eher schwierig und traurig, fällt es uns nicht immer leicht, nach vorne zugehen oder hinzusehen. Aber in jedem Leben werden wir alte Wege beenden und neue Wege entlanglaufen. Alte Wege zu beenden, bedeutet oft, Trennungen aller Art. Das beschreiten neuer Wege kann Neugier und Freude, aber auch Beschwerlichkeiten in sich haben, um zu starten. Etwas Neues zu lernen bedeutet, Neuland zu erobern. Denke immer daran, dass du viele Wege in einem einzigen Leben begehst. Je nachdem, wie weit du schon auf diesem oder jenem Weg warst, desto leichter oder auch beschwerlicher wird er sein. Beneide niemanden, der den gleichen Weg geht und der offensichtlich leichter durch den Pfad kommt, denn er hat wahrscheinlich auch noch andere Wege vor sich, die beschwerlicher zu gehen sind. Nicht nur deine Intuition leitet dich, sondern auch deine Gefühle sagen dir, wo du im Leben stehst auf dem Weg, auf dem du schreitest. Jedes Hindernis auf deinem Pfad möchte beachtet werden. Jedes Gefühl möchte gehört werden und sollte immer im Hier und Jetzt ausgelebt werden. Dann läuft dein Leben, auch in schwierigen Zeiten. Wenn man wegläuft oder ausweicht, heißt dies, dass du automatisch wieder auf das gleiche Hindernis oder Problem treffen wirst. Alles wird dadurch nur verzögert und verlängert. In dem Moment, in dem du ausweichst, läufst du sozusagen eine neue Runde auf dem gleichen Weg.

Die Mäntel des Lebens

Wenn wir von Leben zu Leben alles genau betrachten, dann ziehen wir in jedem Leben, das wir erleben, einen Mantel an. Je mehr Mäntel wir anhaben, desto schwerer ist die Last und desto tiefer sind wir in der Erdenenergie. Durch das Umhängen verlieren wir immer mehr unseren Ursprung, weil uns die Schwere nach unten drückt. Dies geschieht nach und nach, bis wir unsere Herkunft vergessen haben, weil das Leben uns fordert und viel abverlangt. Nachdem vieles erlebt und verstanden wurde und wir nach und nach die alten Mäntel abgelegt und neue angezogen haben, werden wir uns eines Tages auf dem Weg zur "Straße des Friedens" bewegen (siehe entsprechendes Kapitel). Von da an werden wir keine neuen Mäntel mehr anziehen, sondern sie nach und nach ablegen. Dadurch werden wir immer klarer, spüren die alte Last aller Leben und merken, dass der normale Weg nicht mehr funktioniert. Wir betrachten in dieser Phase die einzelnen Mäntel einerseits unbewusst und fühlen uns müde, melancholisch oder auch energielos. Anderseits betrachten wir die alten Mäntel bewusst in Form von Situationen, die uns emotional als auch energetisch fordern. So werden wir mit Menschen unserer Vergangenheit konfrontiert oder kommen wiederholt mit gleichen oder ähnlichen Situationen in Berührung. In dieser Phase gilt es immer darauf zu achten, wie es einem persönlich geht. Wir sollten lernen, uns da aufzuhalten, wo es uns gut geht, und das loszulassen, was uns aussaugt. Selbstachtung und - Liebe soll hier erlernt werden. Dadurch, dass wir uns nicht immer wohlfühlen dabei, ist es wichtig, sich die Zeit zu nehmen, um den Prozess zu durchleben. Wende in dieser Phase wie auch im Kapitel "Unser Gleichgewicht" die Achtsamkeit an. Hab bitte Geduld bei allem. Denn so wie es Zeit gebraucht hat, die Mäntel anzuziehen, braucht es Zeit, sie auch wieder abzulegen und zu verstehen warum du diese Mäntel trägst und getragen hast. Gerade hier wirst du mit der Ungeduld deines Kopfes konfrontiert. Es ist aber normal, dass du Schwankungen erlebst. Je mehr Gedanken du loslässt, desto leichter und schneller schreitet der Prozess voran. Achte auf das Hier und Jetzt und reagiere darauf. Lebe deine Gefühle zeitnah aus, um dich zu befreien. Und alles wird dann durch das Wunder eures Seins Erfüllung finden. Hier ist es wichtig, alte Muster abzulegen, nach und nach die Kontrolle des Kopfes abzugeben und ins Urvertrauen zu kommen. In dieser Zeit werdet ihr vom Leben im Gefühl zum Leben als Wahrnehmung hingeführt.

Die innere Suche nach dem Licht

Wenn wir unseren Ursprung vergessen haben, dann suchen wir unbewusst danach. Es gibt keinen Weg zurück, sondern nur den nach vorne. Das ist dann so für uns, als wenn wir uns in einer dunklen Höhle befinden. Wir sind umgeben von Dunkelheit. Und wenn wir uns umsehen, sehen wir auf einmal ein kleines Licht ganz weit weg, wohin wir dann gehen. Auf diesem Weg erleben wir andere neue Lichter, bis sie wieder erlöschen. Aber wir werden dann wieder nach einem neuen Licht Ausschau halten. Die Lichter sind unsere Stationen, die angenehmen Höhepunkte auf Erden, die am Anfang ganz hell und schön sind, bis alles gesehen und erlebt wurde, bis wir uns dem eigenen inneren Licht zuwenden und uns erfahren und erleben. Plötzlich wird ein neues Licht erscheinen, aber solch ein großes, schönes, weites, strahlendes und vollkommenes, was stets im Gleichklang ist, nicht erlischt und dir das Gefühl geben wird, wieder zu Hause zu sein. Dieses Licht ist immer bei dir. Doch du hast es vorher nie bemerkt, da du nicht zu dir geschaut hast oder es nicht konntest. Doch, wenn du dich selbst als Produkt der Liebe erkennst, fängt das innere Licht an, größer zu werden und dich immer mehr zu umhüllen wie ein sanfter Umhang aus zarter Eigenliebe. Und alle anderen Lichter erscheinen plötzlich nicht mehr so reizvoll, denn du entdeckst dich selbst als spannendes

Abenteuer mit Tiefen und Irrwegen. So gehst du selbst als Entdecker durch die Welt, bis alles gesehen und erlebt wurde und du dich selbst als Licht außerhalb der Erde und des Universums und darüber hinaus erleben wirst.

Das Erwachen

Wie ich schon erwähnte, waren wir alle vollkommen und erst nach jedem neuen Leben wurde der menschliche Geist immer stärker in uns. Wir verloren immer mehr unsere ursprüngliche Daseinsform und hatten auch keine Erinnerung mehr an unsere eigentliche Existenz. Es war aber dennoch ein kleiner nicht auslöschbarer Funke da, der unsere ursprüngliche Erinnerung in sich trug. Er war aber so klein, dass wir ihn nicht mehr wahrnehmen konnten. Der Sinn des Vergessens war und ist, dass wir durch das Erleben und Handeln das tun, was notwendig ist um sich zu erfahren und zu entwickeln. Dies wäre anders oder gar fast unmöglich, wenn wir die Erinnerung an unseren Ursprung hätten. Auch ist das zugleich ein Schutz, da wir sonst immer zerrissen zwischen Handlungen und Wahrnehmungen gewesen wären. Denn es ist wichtig, durch alle Gefühle, ob positiv oder negativ, zu gehen, um sie zu absorbieren, damit sie dorthin gehen, wo sie herkommen, nämlich zur Erde zurück. Es wird in irgendeinem deiner Leben einen Moment geben, in dem du den kleinen Funken, der deine Erinnerungen beschützt, spüren wirst und dies dir hilfreich sein wird, zu erwachen. So wie du die Erinnerung verloren hast, wird jetzt auch nach und nach der wache Moment und der Funke immer größer. Natürlich ist das nicht zu vergleichen damit, wenn wir schlafen, dann auf einmal mit einem Ruck wach werden und sofort alles wissen. Jeder wählt diesen Moment, nachdem die Seele viele Leben gelebt und sehr viele Mühseligkeiten im Gefühlsleben hinter sich gebracht hat. Bei manchen ist es schleichend und bei manchen erstmal hart und steinig. Schleichend ist es wenn wir ein normales Leben führen und uns auf einmal für die Esoterik oder für Erlebnisse nach dem Tod interessieren. In dem Moment beginnen wir unsere Normalität zu verlassen. Oft sind wir erst einmal die Beobachter, die sich irgendwann daran gewöhnen, eine für sie durchgeknallte Freundin zu haben, die ihnen über übersinnliche Wahrnehmung erzählt. Wahrscheinlich wirst du am Anfang alles für lächerlich halten und schmunzeln. Du wirst dich dem Ganzen eher verschließen. Doch nach und nach wirst du immer mehr zuhören und irgendwann akzeptierst du zumindest alles so, wie es ist. In dem Augenblick, in dem du zumindest akzeptiert hast, wie es ist, auch wenn du es nicht wirklich glaubst, bleibst du vor dieser neuen Tür stehen und leugnest nicht mehr ihre Existenz. So ist das mit vielen Dingen. Alles, was wir nicht kennen, ist uns fremd. Es macht uns oft ängstlich oder wir schütteln mit dem Kopf, wie das nur möglich ist, so mit der Person umzugehen. Alles, was wir nicht durchlebt oder gesehen haben, können wir schwer verstehen. Darum werden wir auch am Anfang immer alles sofort ablehnen. Das ist dann wie eine neue Tür, deren Existenz ich leugne, obwohl sie da ist. Doch da wir uns alle gemeinsam helfen und auch deine Seele dich immer auf gleiche oder ähnliche Situationen leitet, wirst du immer wieder auf die Existenz der neuen, dir unbekannten Tür hingewiesen. Irgendwann sind wir bereit, vor dieser Tür stehenzubleiben. Somit leugnen wir nicht mehr ihre Anwesenheit. Und so gewöhnen wir uns daran.

Sicher kennst du folgende Situation: Du lernst in der Nachbarschaft eine neue Person kennen. Nun spricht diese Person eher ungewöhnlich und sticht auch mit ihrem Verhalten völlig aus dem, was du kennst, heraus. Gleichzeitig fühlst du dich abgeschreckt, aber auch hingezogen. Doch je öfter du dieser Person begegnest, desto mehr gewöhnst du dich an die Eigenschaften dieses Menschen. Mit der Zeit wird es dann normal und du erkennst, dass der Mensch einfach so ist. Und so gewöhnst du dich daran, dass etwas in dir funkelt, das du nicht greifen kannst, und erwachst, ohne es bewusst zu erkennen.

Die Straße des Friedens

Nach vielen Leben und den aus diesen gewonnenen Erfahrungen, die unsere Seele machen wird oder schon gemacht hat, wird sie nach vielen Wanderungen ihres Lebens eines Tages den Weg einschlagen, der zur eigenen Straße des Friedens führt. Jeder wird diesen Moment anders erleben. Diese Straße des Friedens ist zu vergleichen mit dem Auslaufen nach einem schweren langen Lauf. Man kann noch nicht sofort stoppen, denn sonst würde es uns überrollen und wir wären überfordert. Es ist also eine langsame Bremsung unserer Seele, die nun abtauchen möchte, um alles Alte und Nutzlose abzuwerfen und ihr eigenes Licht wiederzufinden. Vor dieser Straße stehend entschließt sich jetzt unsere Seele, den menschlichen Geist zur Ruhe zu schicken. Es ist der Geist des Kampfes und des Mutes. Er ist erschöpft und ausgelaugt und kann nicht mehr weiter in diesen Energien der Erde verweilen oder gar überleben. Es wird ein besonderer Augenblick für jeden sein. In dem Moment entscheidet sich die Seele sich von dem menschlichen Verstand zu lösen. Sie fängt an, die Sicherheit zu tauschen. War doch bisher die Erdenenergie zuständig dafür, uns Sicherheit und Schutz zu geben, sucht sie jetzt den Schutz in der Göttlichkeit des eigenen Ursprungs und vertraut auf sie. So unterschiedlich die Wege auch sein mögen, so gleich ist doch die Wahrnehmung für jeden von uns. Es fühlt sich so an, als wenn wir viele Mühseligkeiten und Strapazen hinter uns haben und einfach nur müde und erschöpft sind. Wir erkennen, dass unsere Energie nicht mehr ausreicht, um den normalen Lauf des Lebens hier auf Erden weiterzugehen. Wahrscheinlich wirst du dieses Gefühl davor schon ein paar Mal erlebt haben und dachtest, dass du etwas ganz schlimmes getan hast, weil du so energielos und erschlagen warst, aber es war nur das Aufwachen und die ehrliche Wahrnehmung deiner Seele. Jedem wird die Straße anders erscheinen. Oft ist man schon dabei, sich mit den Themen des Spirituellen oder des Sozialen zu beschäftigen. Der normale Weg funktionierte schon lange nicht mehr. Es wird entweder ein langsamer und bedächtiger oder ein schneller, abrupter Weg sein; so wie es für dich richtig ist. Nachdem der menschliche Verstand in Rente geschickt wurde, wird die Seele nun den Weg des Friedens gehen. Hier wird sie immer mehr in die Innenschau gehen und immer heller werden, so als wenn immer mehr Licht auf einzelne Wege scheint und wir immer mehr erkennen, wer wir sind und warum wir auf Erden sind. Oft wird sich die Seele bewusst zurückziehen, um sich freizumachen von dem Einfluss der Erde. Von nun an richten wir unseren Blick unserem göttlichen Licht zu. Dort, wo sich nichts mehr dreht, es hell wird und wieder erlischt. Nein. Hier wird es immer heller und liebevoller. Die Zeit der Ungeduld verschwindet. Nun suchen wir das Licht nicht mehr im Außen, sondern legen unser ursprüngliches Licht frei und folgen unseren Herzen. Von da an fangen wir an, mit dem Herzen zu hören, und erkennen, dass unsere Gedanken uns klein machen. Wir werden dann bewusster der Energie der Erde und unseren Wegbegleitern gegenüberstehen.

Klarfühlen als innere Heilung erfahren

Klarfühlen schließt das Universum mit ein. Stell dir einen Schuhkarton vor, der das Universum mit allem, was es gibt, enthält. Dann schaut man beim Klarfühlen damit sozusagen in den Karton hinein. Daher ist es ohne Begrenzung. Und keine Begrenzung heißt, dass du alle Antworten ohne Filter oder falsche Wünsche und Hoffnungen bekommst. Was du bekommst, ist die reine Wahrheit, die dich überraschen wird. Denn was macht der Kopf mit deinen Gefühlen? Er träumt hinein. Er dehnt das Gefühl und verändert alles. Er ist dabei sehr begrenzt mit der Wahrheit, die er nicht kennt. Er beantwortet alle Fragen selbst. Ja selbst die, die nur der oder die andere beantworten kann. Was er tut, ist nur zu vermuten. Er hofft es zwar, kann die Wahrheit aber nicht zu 100 % erkennen. Vergiss nicht, dass du es falsch gelernt hast. Du sollst nicht erst den Kopf einschalten und dann reden, sondern erst Klarfühlen und dann den Kopf benutzen zum Umsetzen oder Handeln. Durch die Wahrheit des

Klarfühlens wirst du vieles anders betrachten können und verstehen lernen. So werden die Fragen im Kopf immer weniger. Die Illusionen verschwinden und nach und nach spürst du Befreiung, innere Ruhe und Heilung.

Klarfühlen erlernen und verstehen

Klarfühlen hat nichts mit Fühlen oder Gefühlen zu tun, die du kennst, sondern Klarfühlen umschließt deine Intuition und ist immer neutral, während unsere Gefühle es nicht sind. Jeder hat diese Eigenschaften und Fähigkeiten als Urzustand unserer Seele und zwar ohne Ausnahme. Wir sprechen hier nicht von einem Talent oder anderen seltenen Gaben. Es besitzt und braucht auch keinen engen Kanal als Durchgang wie zum Beispiel beim Kanalisieren. Es ist alles da. Es braucht nur noch freigelegt zu werden. Wie wir bereits wissen, ist unsere Intuition ein wichtiger Wegbegleiter, der uns leitet und auch warnt in bestimmten Situationen. Hier verlassen wir uns also auf unserer inneres Warnsignal. Die Intuition findet, wenn es nicht zu laut ist um uns herum den Weg in unser Bewusstsein. Beim Klarfühlen ist es genau umgekehrt. Wir lauschen hinein, um Antworten oder Klarheit zu bekommen. Hierbei ist es wichtig, die inneren, nicht selbst gewählten Gedanken zum Stillstand zu bringen, also diese Gedanken, die nicht zu unserer Frage passen, um eine Antwort zu finden. Alle Fragen und Gedanken zum Thema sind allerdings erwünscht und helfen uns dabei, uns zu fokussieren, doch arbeite auch hier mit den natürlichen Impulsen deiner Intuition. Nimm wahr, was sie dir als Hinweis mitteilt. Vielleicht sagt sie dir jetzt, dass du dabei rausgehen solltest oder eine bestimmte Musik hören solltest. Jeder Hinweis ist dabei womöglich wichtig, denn jeder ist einzigartig in seiner Struktur und mit seinen inneren Wegen. Die Wege zum Erfolg weiß kein Coach oder kein intelligenter Berater, sondern du selbst bist Wächter deines Labyrinths. Wenn dein Kopf aber dennoch zu stark dagegen ankämpft und er sich nicht umlenken lässt durch Musik und andere äußere und innere Einflüsse, dann respektiere ihn. Denn dein Kopf kann stark und starrsinnig sein, doch meist steckt einfach Angst dahinter und er kann deshalb nicht loslassen. Denke daran, es fließen zu lassen. Lass dir Zeit. Bewege dich. Gehe in die Natur und du wirst merken, dass du immer mehr wahrnimmst. Gut ist, wenn du dir auch einiges notieren kannst, wenn es sehr viel wird. Klarfühlen heißt, dem Bauch entgegen zu lauschen und das offene Meer wahrzunehmen. Es wird dir helfen, wenn du dein Klarfühlzentrum als Meer betrachtest. Du schaust dabei sozusagen aufs offene Meer und beobachtest, was passiert, und das sinnbildlich. Wenn du dieses Gefühl wahrnimmst, dann stehst du bereits in Kontakt mit deinem Zentrum. Es ist gerade am Anfang sehr unterschiedlich, wie sich die Botschaften zeigen. So können vereinzelt Bilder auftauchen oder du erkennst einen Gedanken, der sich klar und rein anfühlt. Nach vielen Bekanntschaften und dem Kennenlernen deines Bauches wirst du es immer leichter haben, hineinzuhören in das Meer deines Klarfühlens, und auf einmal wird alles sehr lebendig. Das Meer wird lebendig, rauscht an deinem Gehör vorbei und flüstert dir alles Wichtige zu. Bevor ich in die intensive Ausarbeitung dieses Buches ging, habe ich eine Woche vorher angefangen, keine unnötigen Störgeräusche mehr aufzunehmen in Form von Fernsehen und allgemeinen Medien wie dem Radio oder Nachrichten. In der ersten Woche ohne den normalen Alltag habe ich angefangen, ein Buch zu lesen, und erst in der zweiten Woche kamen meine Impulse zum Buch klar und deutlich. Also schalte einfach einmal so viele Störgeräusche vorher aus, wie es möglich ist. Das Klarfühlen folgt keiner Energie der Erde. So habe ich beim Schreiben dieses Buches teilweise 20 Kapitel offen gehabt und immer das eine neu geschrieben, das andere beendet und dann wieder ein paar Sätze nebenbei geschrieben. Während der Kopf gerne auf Seite 1 anfängt und dann mit Seite 2 weitermacht, ist es hier ganz anders und folgt eigenen Strukturen, aber ohne Begrenzung. Der Kopf braucht aber seine Strukturen, denn sonst würde er leicht den Überblick verlieren. Darum geht es nur ohne den Kopf als Kontrolleur, denn er würde sich verlieren.

Der Unterschied zwischen Intuition und Klarfühlen

Stelle dir eine DVD oder CD vor. Das freie, ausgestanzte Loch ist die Intuition. Alles, was sie umschließt, ist das Klarfühlzentrum. Obwohl es so aussieht, dass die beiden zusammen sind, sind sie dennoch unabhängig voneinander. Beide haben unabhängige Funktionen und beeinflussen sich nicht untereinander. Während die Intuition aktiv ist wie ein Echtzeitscanner und immer hineinlauscht, um uns im aktiven Sein zu unterstützen, ist das Zentrum des Klarfühlens passiv. Es ist zentriert und ruhig und wird erst dann aktiv, wenn wir es ansprechen. Im Prinzip ist deine Intuition, wie eine leichte Briese Wind, wohingegen das Zentrum des Klarfühlens absolut windstill ist, aber man dennoch spürt, dass etwas in der Luft ist.

Wenn Friede in dir einkehrt

Wenn du verstanden hast, dass deine Gefühle wie ein Lehrbuch sind für dich, dann wirst du gelernt haben, sie immer in Echtzeit auszuleben. Denn in dem Moment, in dem du da bist und in dir das Gefühl aufkommt, dass du weißt, wo du selbst stehst, wirst du sie in normaler Intensität ausleben können, weil du sie sofort zum Ausdruck bringst. So ersparst du dir Wutausbrüche, die immer dann auftreten, wenn du Gefühle angesammelt hast oder depressiv wirst, weil du sie in deinem Inneren im Schach hältst, ihnen nicht traust oder Angst vor der Konfrontation mit ihnen hast. Doch, wenn du in jedem Augenblick deinen Gefühlen Ausdruck verleihst, wirst du auf einmal bemerken, dass es ruhiger in dir wird. Du wirst frischer und ausgeglichener sein. Da du von deinen Gefühlen viel gelernt und erfahren hast, wirst du nicht mehr in alte Muster gehen oder dich von bestimmten Menschen fernhalten, die dir nicht gut tun. Du erkennst immer mehr, wer du wirklich bist. Das Ausleben deiner Gefühle hat dich leichter gemacht. Mit der Zeit entspannst du immer mehr. Dir wird auffallen, dass die Menschen um dich herum aber so bleiben, und du wirst sie jetzt besser einschätzen, weil du emotional nicht mehr gefangen bist. Du wirst andere Interessen entwickeln, wodurch du auch auf neue Menschen triffst. Du wirst dann erleben, dass es weitergeht in deinem Leben. Das alte Umfeld bleibt aber so wie es ist. Einigen wirst du den Rücken kehren und andere wiederum werden dich hinter sich lassen. Eines Tages wirst du das Gefühl haben, dass du keine Gefühle mehr hast. Du wirst dich fragen, was mit dir los ist. Denn du kanntest bisher nur ein Leben mit andauernden Gefühlen. Mal mehr und auch mal weniger intensiv waren deine Gefühle und hielten dich in Bewegung. Das war bislang dein Verlauf im Leben. Doch, nachdem, du sie immer sofort raus gelassen hast, ist nun Ruhe in dir eingekehrt. Es fühlt sich erst merkwürdig an, denn nichts in dir rotiert oder sorgt sich um etwas. Dann hast du Zufriedenheit in dir zum ersten Mal. Von nun an hast du unbegrenzten Zugriff zu deiner Intuition, die jetzt die Aufgabe deiner Gefühle übernommen hat. In dem Moment, wenn dir jemand zu nahe getreten wäre und du dich sonst unwohl gefühlt hättest, wird sich jetzt deine Intuition zu Wort melden. Und zwar wirst du das Gefühl haben, dass du für einen kurzen Augenblick einen dicken Bauch in Form deiner Intuition hast sofort handlungsfähig sein und betreffende Maßnahmen ergreifen wirst. Dies wird auch neu für dich sein, aber du wirst positiv erstaunt sein, wie man seine Intuition spüren kann und wie gut man sich danach fühlt, wenn man zum ersten Mal ohne Gefühle dabei war. Denn so ist es gesund, wenn du ohne inneren Unfrieden in diesem Moment im Einklang bist. Das lässt dich strahlen. Natürlich wirst du, wenn du das erlebst, durchaus wieder mit Gefühlen konfrontiert, aber es werden dann wahrscheinlich sehr alte dabei sein, die jetzt in dir nachrücken. Das sind Gefühle aus sehr alter Zeit und, da du ja jetzt gelernt hast damit umzugehen, wirst du nicht mehr aus deiner Mitte kommen. Benutze dann das Zentrum des Klarfühlens, damit du alles verstehst. Wer fragt, bekommt immer eine Antwort.

Sich bewusst sein

Du setzt immer da an, wo du aufgehört hast. So ist es wichtig, im Hier und Jetzt so zu handeln, dass du weitergehst und auch neue Erfahrungen beginnst. Sei gelassen bei allem. Denn alles, was nicht erreichbar erscheint, soll entweder in diesem Moment, in dieser Zeit nicht sein oder findet im nächsten Leben seine Fortsetzung. So kann jede Begegnung mit einem neuen Menschen ein wertvoller Anfang sein. Jeder Umzug, jede Neugründung, ja auch jede Geburt kann für dich eine neue Energielinie sein. Sei stets wachsam im Umgang mit deinen Mitmenschen. Denn jeder ist unterschiedlich weit mit sich und der Erde. So hat jeder seine eigene Sprache. Jeder der gebunden ist in der Energie der Erde, der braucht auch die Antworten der Erde und erfordert eine Lösung. So wird es selten hilfreich sein, ihm eine Lösung vorzuschlagen, die er nicht versteht. So ist es auch für den spirituellen Menschen. Er benötigt Hilfe, die nicht von der Energie der Erde ist, sondern die Antwort und Lösung, die für ihn lichtvoll ist. Verschwende also keine allzu große Energie darauf dem Wasser zu erklären, dass es aus Erde ist, sondern zeige dem Wasser, was es für Möglichkeiten hat, um sich zu verändern.

Das Leben unter der Glocke

Wenn du dabei bist, in Liebe zu dir selbst zu sein, schon erwacht bist und dein Leben sich schon verändert hat, dann werden immer mehr Gefühle in dir aufkommen die noch nicht durchlebt wurden. Da du jetzt aber weißt, wie du damit umgehen kannst, wird es dir nicht mehr so schwer fallen, sie beherrscht aufzulösen. Je lichtvoller du im Inneren wirst, desto mehr wirst du das Gefühl bekommen unter der Decke einer Glocke zu sein. Das signalisiert, dass du dir bewusster wirst, wie sehr du doch gewachsen bist und wie klein doch alles ist. Es wird dir sehr helfen, da du jetzt die Begrenzung deiner Gefühle bewusster wahrnimmst.

Der Weg ist unser

Das erste Ziel war, zu erfahren, wie das göttliche Licht die Erde erschuf. Der nächste Weg war, voller Unschuld neugierig zu sein. Danach wollten wir erleben. Irgendwann kam das Vergessen und die dunkle Höhle. Wir folgten dem Licht, erlebten uns in Unvollkommenheit und fühlten uns einsam. Alle

Stationen der Lichter der Erde bringen uns näher ans Ursprüngliche. Das Letzte auf diesem Weg ist das Erwachen und die Erkenntnis, wer wir sind. Stelle dir ein umgedrehtes großes U vor. Alles ist hell, voller Freude und strahlt. Dann gehst du in das U wie in einen Tunnel, in den du hineingehst. Dies ist mit dem Aufwachen morgens im eigenen Bett zu vergleichen, wenn du eine Schwere spürst und gar nicht aufstehen möchtest. Da fühlst du, dass du größer bist, als es dein Körper zulässt. Je mehr du durchlebst, desto weiter gehst du das U entlang. Solange bis du zur Kurve kommst, vergisst du immer mehr und gehst immer tiefer in die Erdenenergien hinein. Wenn du um die Kurve bist, beginnt so langsam das Erwachen, bis du dich auf der anderen Seite wieder zurück am Anfang befindest, aber mit den Erkenntnissen, wer du wirklich bist, dass Licht nicht mehr vergänglich ist und kein Nebel mehr deine Sinne und Wahrnehmungen trügen kann.

„Das Licht auf Erden kann unsere Augen blind werden lassen,

aber das Göttliche erleuchtet uns im Inneren wieder

und entfacht unser wahres Licht,

so wandeln wir durch das Erden Licht zurück

zur inneren göttlichen Sicht"

Schlusssatz der Erkenntnis

So unschuldig, wie wir waren, so schuldig, haben wir uns gemacht, aber rein, bescheiden und vollkommen gehen wir wieder heraus mit all dem neuen Wissen darüber wer wir sind, und der Erfahrung. Sei steht's im Hier und Jetzt und spüre dich in jedem Augenblick. Handle so, wie es dir deine Gefühle in diesem Moment eingeben und erlauben, und zweifel nicht an deiner Entscheidung. Versuche, deine Entscheidung und dein Handeln zu verstehen, fühle in deiner inneren Mitte die Klarheit und akzeptiere diese. Wenn dein Kopf nicht grübeln muss oder du ihn nicht lässt, sondern ihm immer nur die Wahrheit und die Realität zeigst, dann wird der Kopf anfangen, dir zu vertrauen und zu folgen. Damit fängst du an, dir selbst zu vertrauen, und gehst damit einen Schritt näher zur wichtigen Eigenliebe.

„Das Buch soll den Samen der Göttlichkeit sähen. So soll er wachsen,

mit euch,

bis Ihr euer wahres „Ich" erkennt"

Ich verneige mich,

„trete ab von der Bühne dieser Welt, wenn es dir gefällt,

und sage zum Abschied:

„Ich hatte die Ehre."

„Vielen lieben Dank fürs Lesen und Verstehen"

Einen lieben Gruß und vielen Dank an Julia Warneke die dieses Buch Korrektur

gelesen hat.

Wenn du dich löst vom nur Mensch sein, dann wirst du

leichter im Handeln und dass lässt

deine Augen erstrahlen und zeigt

anderen die wirkliche Heimat

unserer Seele. Sie sollen hineinschauen und das Leuchten der

bedingungslosen Liebe dabei entdecken.